小学6年の社会科見学から40年ぶりの登呂遺跡に通うようになり、あらためて登呂博物館で展示を見直すと、順路の最後にあるモノクロ写真が私の目を引いた。そこには、大勢の人びとが登呂遺跡の発掘作業をする姿が写っていた。

そもそも登呂遺跡が発見されたのは、戦時中の１９４３年（昭和18年）のこと。軍需工場建設の工事中に、弥生時代の水田跡が出てきたことが始まりだった。終戦後の１９４７年（昭和22年）７月13日、戦後初となる発掘調査が始まった。

組織された「静岡市登呂遺跡調査会」には考古学だけでなく、人類学・地質学・動植物学・建築学・農業経済学など、さまざまな分野の専門家が参加して、日本における農耕生活の実態を明らかにするための調査研究が活発に行われた。

自分たちの祖先が農耕生活を営み、豊かに暮らしていたというニュースは、終戦後の疲弊しきった人びとをどれほど勇気づけただろう。調査は夏休みに行われ、大勢の若い男女が手弁当で参加し、発掘作業をする姿が「新しい平和な時代の到来」を象徴する出来事として新聞に掲載された。

私は、この話がとても好きだ。

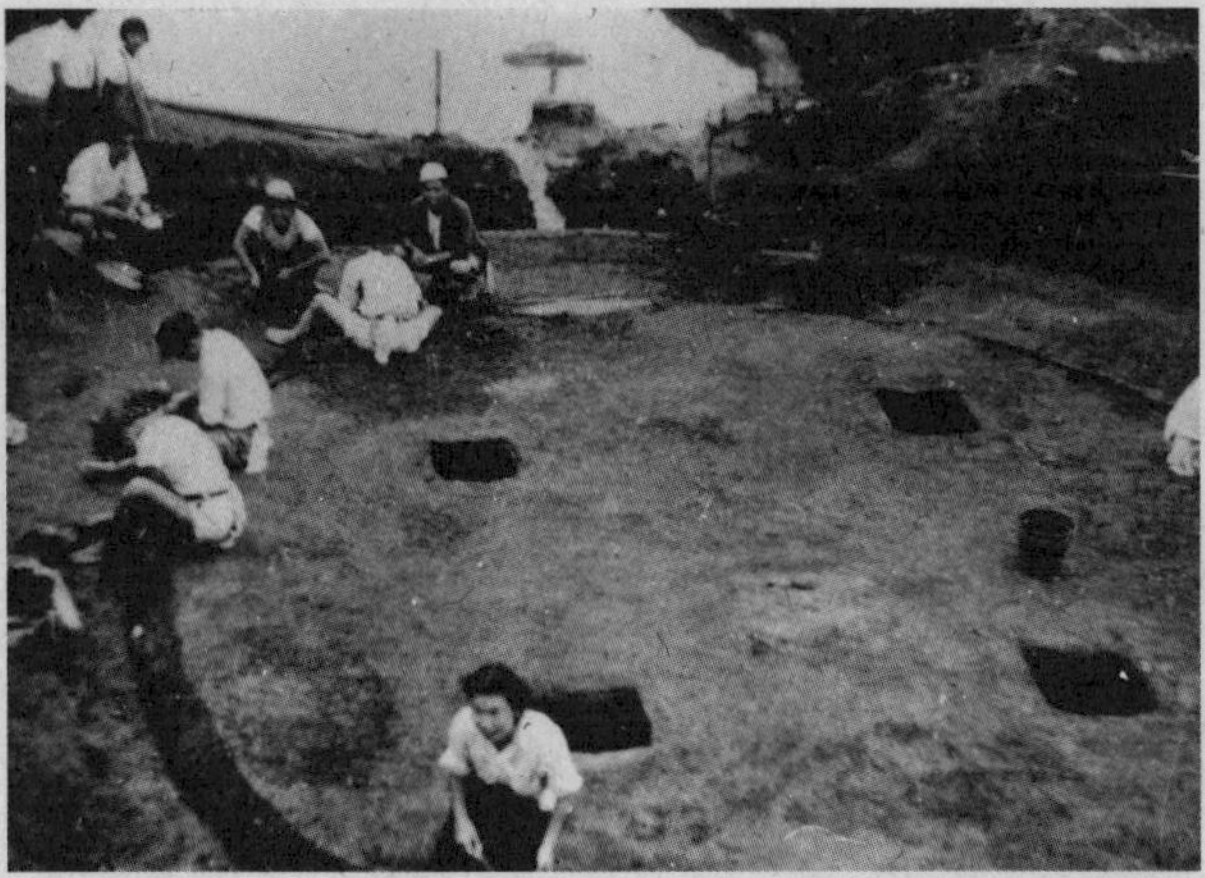

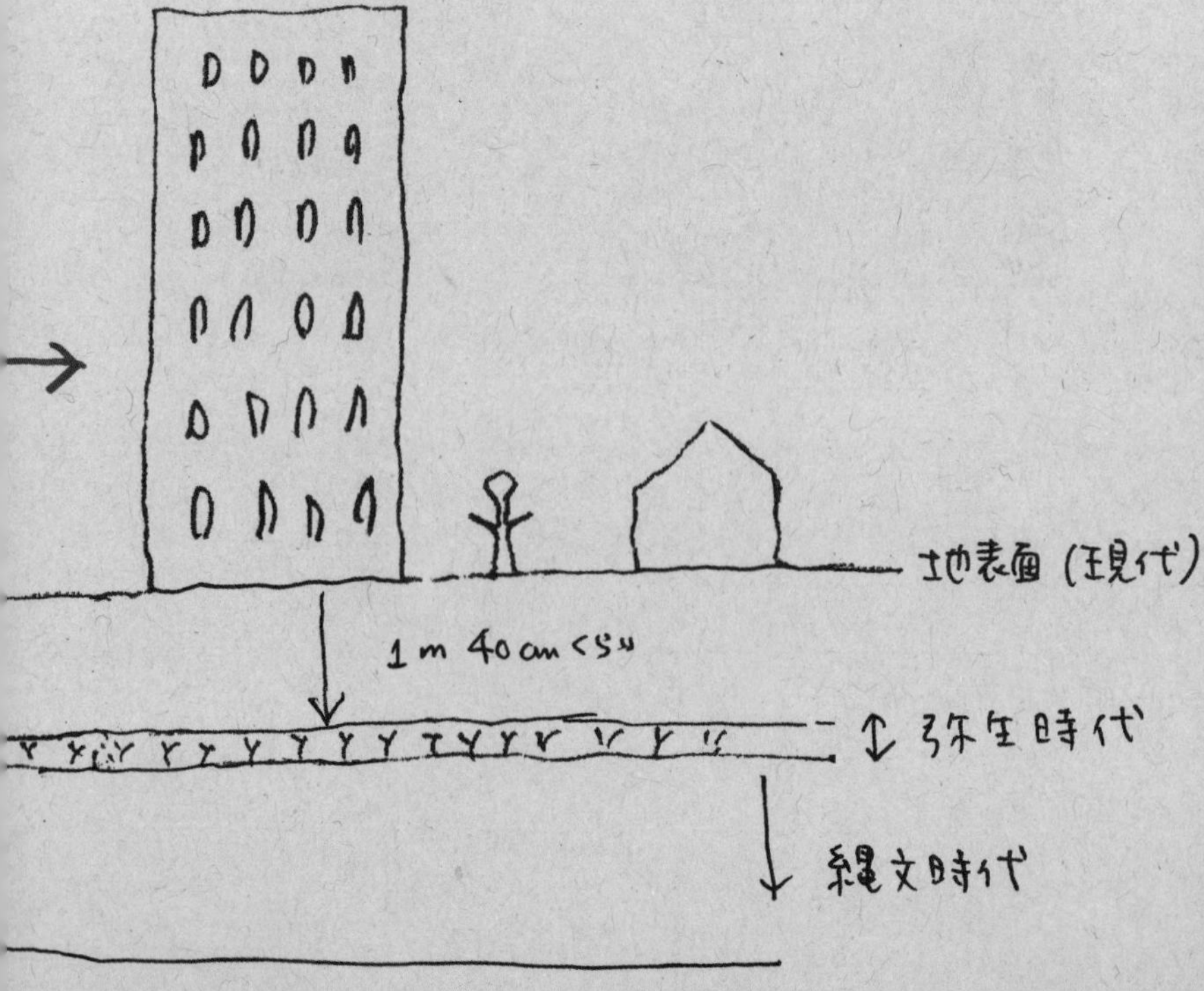
地表面（現代）
1m 40cmくらい
弥生時代
縄文時代

登呂で、わたしは考えた。

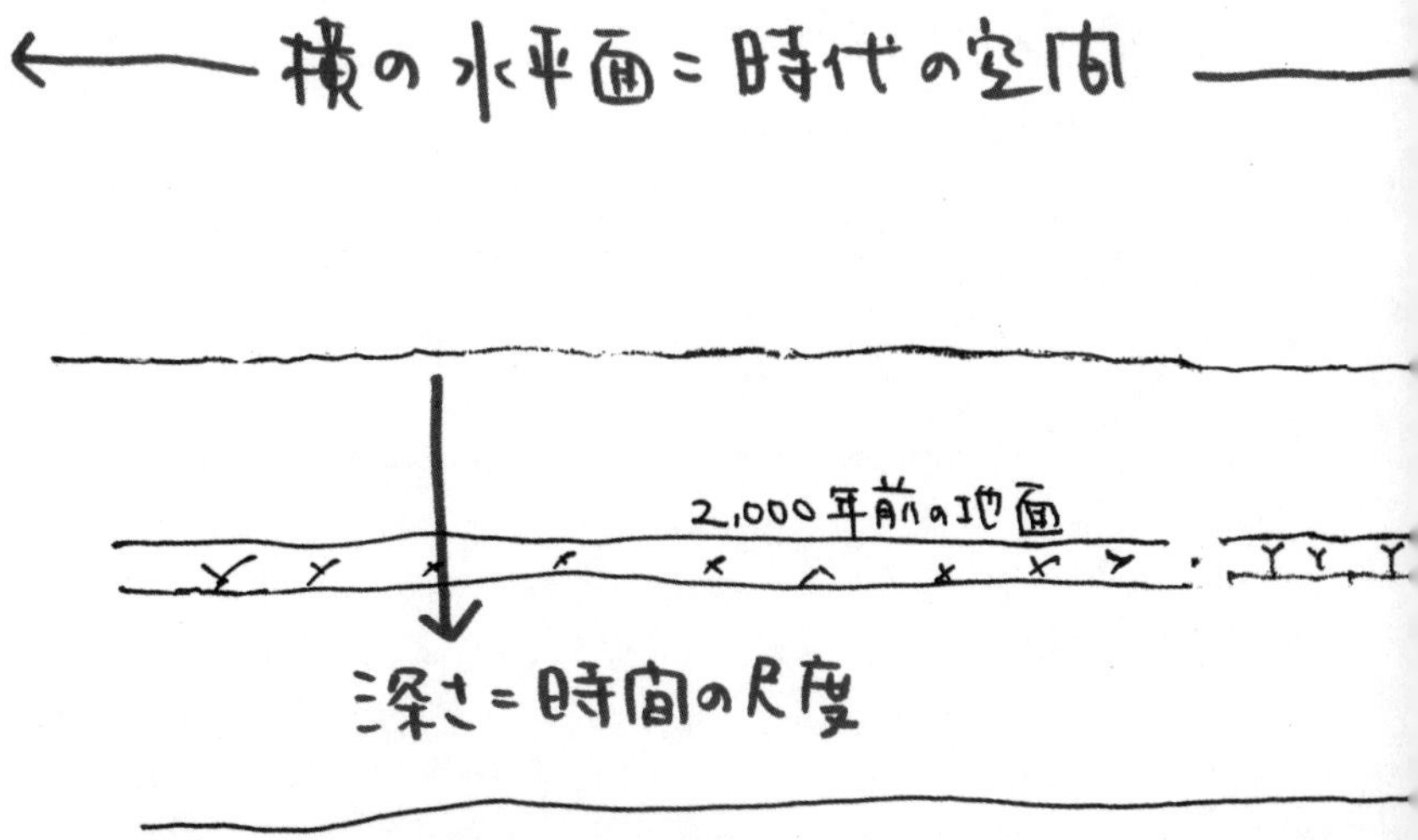
横の水平面＝時代の空間
2,000年前の地面
深さ＝時間の尺度

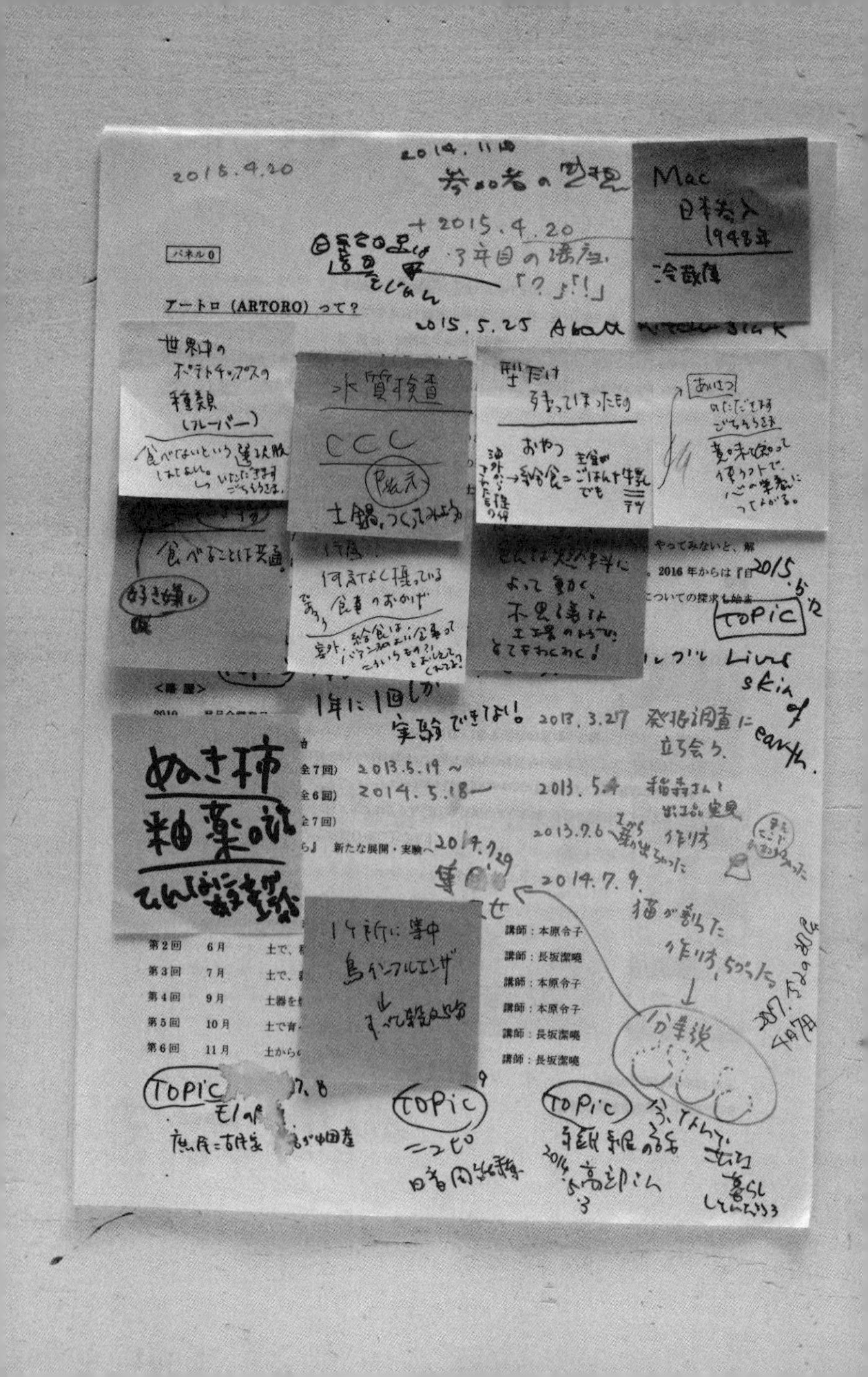
2015.4.20
参加者の
Mac
日本為入
1948年
冷蔵庫
+2015.4.20
「?」「!」
パネル0
アートロ（ARTORO）って？
2015.5.25
世界中の
ポテトチップスの
種類
（フレーバー）
水質検査
型だけ
食べることは共通
好き嫌い
おやつ
給食
1年に1回しか
実験できない!
2013.3.27
発掘調査に
立ち会う。
2016年からは
ついての探求も始ま
2015.5.12
TOPIC
Live
skin
of
earth
ぬき柿
釉薬
全7回）
全6回）
全7回）
新たな展開・実験へ
2013.5.19〜
2014.5.18—
2013.5.4
2013.7.6
2014.7.9.
猫が割った
講師：本原令子
講師：長坂潔曉
講師：本原令子
講師：本原令子
講師：長坂潔曉
講師：長坂潔曉
第2回 6月 土で、
第3回 7月 土で、
第4回 9月 土器を
第5回 10月 土で育
第6回 11月 土から
鳥インフルエンザ
TOPIC
TOPIC
TOPIC
暮らし

目次

はじめに

自己紹介の代わりに

およそ、私はなんでも作る。今は油と動物性タンパク質以外、自分で作れそうだと思っている。

1963年、富士山の麓に生まれた私は、幼稚園の頃から洋裁する母の横でリカちゃん人形の洋服を縫うような、ものを作るのが好きな子どもだった。小学校3年の時、両親が仲人をした若い女性が入院した時は、彼女のためにシュークリームを焼いて「もとはらいこ謹製」と書いた箱に詰めて、お見舞いをした。今思えば、あれが最初に何かをこねくってカタチにして焼いたものかもしれない。お姫様の物語よりも〝アイヌ〟やら〝邪馬台国〟にロマンを感じ、地球が回っていると聞いた時は庭の石の上に立って「回らない！」

と怒ったりして。とにかく、知らないことだらけの広い世界に興味津々だった。

世界は不思議と刺激に満ちていて、私は自分がいるこの世界にコミットするのにとても忙しかった。道端でヘンなものを拾うのも好きで、割れてヒビの入った自動車のフロントガラスなどは、よく庭に埋めていた。

そんな私が美術大学へ行こうと決めたのは、中学1年の時。高校入学と同時に美大受験のための予備校へ通い始めた。陶芸との出合いは、その頃。美術部の顧問の先生が連れて行ってくれた陶芸体験が最初だ。四角い陶箱を焼き、緑のガラス瓶を砕いたものを入れて、もう一度窯で焼く。ガラスは溶けて、透明な緑色になって箱の底に沈んでいた。粘土とガラスは膨張係数が違うから、ガラスの部分には、無数の小さなひび割れができている。それは小さな頃、庭に埋めたガラスに似ていた。「よし、クラフトデザインに行こう!」と決めたはよいが「現役合格しなかったら美大には行かせない」という父との約束の下、現役で合格できた多摩美術大学のグラフィックデザイン科に入学したのだった。

入学した大学でも、やはり立体の授業がいちばん好きで、広告には正直、興味を持てなかった。油絵科の3年生から始まる陶芸コースを受けたくて学長に書類を提出したけれど、結果は「油絵科を受け直してください」の一言。結局大学4年間、陶芸とは縁がないまま、私はパッケージデザインの会社に入社。某大手メーカーの商品パッケージのデザインを担当させてもらって割と順調に滑り出したのだけれど、どんなに成功したパッケージも翌年にはまた新しくすると言われ、使い捨ての発想に心が折れた。「もっと人の暮らしに近いものを作りたい。人と一緒に年を重ねていくようなものがいい」と、長年引っかかっていた陶芸の門戸を叩くことを決意。

思い立ったら即行動な性格は今と変わらず「自分で稼いだお金で陶芸を学ぶには、公立の美術大学しかない」と、探し始めた。でもいわゆる「ザ・陶芸科」を見学に行くと、何かずっしりとした師弟関係が見えて、どうにも違和感がある。もっと自由に陶芸を学べないのだろうか?と向いた先は海の向こうのイギリスだった。セントラル・セントマーティンズ・カレッジ・オブ・アート・アンド・デザインのセラミックコースを、ポートフォリオと論文で受験して、合格。単身、渡英したのが1988年、25歳の時だ。コースメートの中で陶芸の経験がないのは私だけだったから、それはもう、思い出すのも切ないほど苦労した。がむしゃらにやるだけやって3年制の大学の半ばまで来た頃、ようやくコースメートとの技術差を感じなくなり、飛び級で大学院を受験しようかと考えるまでになっていた。

1990年の元旦、日本にいる母に電話をかけ「賞をとって、大学院を受験する」と伝えた。睡眠時間3時間の日々を数週間続け、ロンドンのC.P.HARTという会社のタイルデザインのコンペに応募した私は二等賞をもらって勢いをつけた。イギリスのロイヤル・カレッジ・オブ・アート（美術系大学院大学）に入るためには何をやりたいか？が重要だったので、まずは論文を提出。私は「絵でも、器でも、その人にとって必要なら、それは用途がある。I listen to the function.」と書いた。

結果、大学院にはなんとか入れたものの、同級生にはプロの陶芸家もいて、私はいよいよ技術不足に悩まされた。2年目への進級試験で「アイデアはいいけれど技術がない。夏休みの間、一人で作品を作りなさい」と言われ、みごとに落第。毎日ひとりで学校へ通うことになった。そして、それまで日本の美術大学では問われなかったことを毎日のように担当教員に聞かれた。

「何のために、それを描いているの？」

「何となく…」

「何となくって、なに？　これからスケッチブックに何かを描く時は、何のためのSTUDY（習作）か、きちんと書いて」

とほほ…。

自分は何がやりたくてここにいるんだろう？　自問自答の日々。
そんなある日、ロンドンの地下鉄に乗ると、向かいに座ったキャリアウーマンがバッグからバナナを取り出すと、バクバクっと食べた。それはあまりにも乱暴な仕草で、自分が食べているものがバナナだろうが何だろうがどうだっていい、みたいに見えた。

「バナナを尊敬しろ」

その光景を見て、そんな言葉が頭に浮かんだ。都会の片隅で、食べ物としてどうでもいいような扱いをされているバナナ。そのバナナを見て、それを食べている女性とその食べ方を見て「コレだ！」と…初めて何か強烈なものが私の中に湧き上がってきた。具体的に伝えたいことを形にできそうな気がした。都会のハイウエイバナナやブランコに乗る孤独バナナなど、たくさんのマケットを作り、一番シンプルなバナナ置きをウェッジウッドのボーンチャイナで作った。

当時、私が書いたこの「バナナ置き」についての一文を引用しておく。今から28年前、当時の原文のままで載せるので、その時代を知る人には、当時の雰囲気を思い出して読んでほしい。

『バナナ置きによせて』

バナナを買いに行った。スーパーの入口近くに本日の特売品としてそれは並んでいた。1 0 0グラム10円である。あまり青くなく適度に熟れた傷のない房を手に取る。6本で、84円。父が幼少の頃、高くて食べられなかった代物はいまや下等フルーツに成下がり、誰からも尊敬されない。

暮らしがどんどん便利になって何でも手に入ってしまうから、ヒトは日常どこにでも見られるような〝フツウ〟のものに目を向けたり、感動したりしなくなる。都会の暮らしは忙しく、情報はぐるぐると私たちの生活の中を駆抜け、立ち止まることも忘れる。

みんな、見る、聞くふりはできるんだ。

食卓の意味も形式も変わってきたかもしれないけれど、世界中どこでも食は人々のくらしと切り離せないもの。食文化をみると、その国の特徴などがよくわかったりする。食は

人間みたい。
背が高かったり、低かったり、
細かったり、太かったりするけれど、
基本形は、同じ。
でも、1つも同じバナナはない。

ひとつの儀式――――テーブル越しの笑顔、交わすコトバ、乾杯、誘惑そして涙も。

ゆったりと椅子に座ってみて下さい。

バナナもけっこうイカスでしょう。

確かにぜんぶ似てるけど一つ一つ違います。人間みたいに大きさも長さも色も違うけれど、同じ椅子にすわっています。

どこにでもあるバナナに〝ハレ〟の場を与えたい。そうしてそれが忙しい誰かの顔に小さな微笑みと驚きを与えることができたら、こんなに豊かなものはないと我ながら、思う。

このバナナ置きは、平均的なバナナの太さとカーブを算出、機械ロクロで作った石膏の原型モデルから雌型を作り、教授に真っ白なボーンチャイナの泥しょうを譲ってもらって鋳込み成形という技術で焼いた。通常なら800―1000度の低温で素焼きして、釉薬をかけてさらに高温で焼いてガラスのコーティングをするのだが、これは全面に透明釉をかけるため、ボーンチャイナを1230度の高温で焼いてから、1060度という低温の釉薬をかけることにした。しかし、ガラス成分が多いボーンチャイナは、1230度の窯の中ではぐにゃぐにゃ動いてしまい、カーブがある底も棚板の形を拾って、平らになってしまうことが分かった。そこでよく砂浜で埋められている人みたいに、アルミナという粉でがっちり固めて、身動きが取れないようにしてから焼くという工程が必要になった。シンプルだけど、手間がかかった。

1992年、日本に帰国した私はテーブルウェアコンテストに「バナナ置き」を出品し、プロの部「優秀賞」をいただいた。帰国後はデザイン専門学校で教えながら、実家の庭先に小屋を作り、電気窯を買って、陶芸を始めていた。自分が思い描く焼き上がりを狙って、祈るような気持ちで窯に入れ、出て来た器の釉薬が自分の思っていたものと少しでも違うとがっかり…庭の片隅にポイッと放っておくと、母がそれを拾って食卓に並べたりする。すると「あれ?? いいじゃん、これ!!」となる。こうなって欲しいという想いが強すぎると、自分の器が小さくなる。予定通りじゃなかった時、私はその良さを見ることができなかった。当時の作品を振り返ると「おい、こら、アタシの思う通りになれ!」と〝ワタクシ〟を粘土に押し付けていたのがよく分かる。あの頃、私は土には土のなりたい形があるなんて、思ってもみなかった。

陶芸を始めて20年目。静岡市立登呂博物館の協議員を務めることになった私は、研修のために山梨県立博物館を訪ねた。入ってすぐに並んでいたのは縄文土器…皆さんご存知のうねうね、メラメラした土器群。学芸員さんがひと際個性の強い鉢を指して、「この土器からイメージした創作ダンスを夏休みの自由研究にした小学生がいます」などと説明してくれた。んーっ、なるほどぉ。確かに作った人の情念を感じる。そして、弥生時代の展示コーナーへ。

「え？　無印良品？」

なに？　この、あっさり。

「なんでこんなに、急に変わったんですか？」と尋ねると、「社会が変わったんです。食べ物を求めて狩猟生活をしていた縄文時代の人にとって、自然は恐ろしいものだったから、モチーフも炎や自然のものが多い。弥生時代になると、稲作が始まって、平野に定住する。社会ができたんですよ」なるほど、子どもの頃、授業で習った時には「うねうね縄文、すらっと弥生」なんて形だけを覚えたけれど、今、土を業《なりわい》とする私が見ると、縄文土器は形を作ってから粘土の紐で装飾をしたもので、作る時間はかかるけれど作った人の想いが見えやすいのに対し、弥生土器は用途を重視しているから余計な装飾がない、という理解ができる。

考古学者にとって、焼き物はその社会を最も反映するものだそう。土の生理は古代からずっと変わっておらず、作る人がその社会に必要なものを形にしたのが焼き物だ。あぁ、私は、今の時代に生まれたからあのバナナ置きを作ったんだ、と腑に落ちた。もしも私が弥生時代に生まれていたなら、どんなものを作っただろうか？

Corrugated mug
パスタを作る原理で制作したマグ［RCA（ロイヤル・カレッジ・オブ・アート）1年の時の作品］では自分の思うとおりの形にしたかった。鉄の板をカットして、抜き型を作り、パスタやところてんのように押し出すと、長い筒状の形ができる。これをマグカップの高さでカットして、ボディを作る。柔らかいうちにこの筒を縦に切って開くと板状になり、それを底に使う。ある程度硬くなったら、一気に組み立てる。

第一章

土を焼くと、焼き物にな〜る

人類が初めて、化学変化を利用したできごとが、焼き物。人が粘土で形を作って焼いたもの。つまり、すべて人工物だ。

粘土を火で焙《あぶ》ると、質が変わる。簡単にいうと、水分がなくなってガラス質になるのだが、化学的には原子の並び方が変わり、物質的に別物になる。

世界で一番古い焼き物は、チェコで発見された。動物や人の形を象ったもので、およそ24000年前のものだといわれている。想像するに、たまたま粘土層を見つけた誰かが、土を触ってこねこねして遊んでいるうちにいろんな形ができて、それをぽいっと焚き火に入れたか火事で焼けたかして、性質が変わったのを発見したのが始まりではないか？と思う。子どもの泥遊びのように何度でもいろんな形を作ることができる粘土に火で熱を加えて、一つの形に留める。それは人間にとって、とても神秘的なことだっただろう。

日本では、青森県津軽半島にある大平山元遺跡で１６５００年ほど前の土器片が見つかっており、煮炊きをした痕も残っている。火を使って焼いた土の器に食べるものを入れて、それをまた火を使って煮炊きして食べやすく加工する。火をコントロールすることは当時の人にとって、魔法を使うようなものだったかもしれない。そう考えると、縄文土器のメラメラした炎のような装飾にも、納得がいく。

現代の陶芸には、さまざまな技術が確立されている。私も大学院時代には、ピンチングにコイリング、たたら作り、ロクロ成形（手ろくろ、蹴り足ロクロ、電動ロクロ、機械ロクロ）、石膏を使った型押し成形と鋳込み成形（排泥、固形）、パスタやところてんを作るような押し出し成形、タイルのように歪むと困るものは、粉に高圧をかける乾式成形…など、実にさまざまな技術を幅広く学んだ。でも、これほど多様な作り方があっても、素材は粘土。その性質は今も昔も変わらない。

基本的に粘土は、団子のように中が詰まった状態では焼き物にすることができない。内と外と、乾く速度が違うとひびが入るし、保湿しながらゆっくり乾かしてひび割れなかったとしても、窯の中で焼く時に、内と外の温度差で爆ぜてしまう。（それを作品としている作家さんもいる）。

ちょっと想像してみてください。中がぎゅっと詰まった土饅頭の中、餡が入るべきところを空洞にする。すると、丸い、中が空洞の土饅頭ができる。そのてっぺんに1つ穴を空けると、花入れに。穴が広がれば、お茶碗。お茶碗の口が広がっていくと、お皿。板皿でも真っ平らでなく、すこし、縁が立ち上がっているでしょう？　土は中が空洞で、内側にカーブがついた形が得意で、そのほうが強い。真っ平らは苦手、割れやすい。

私は〝ちょっと、マヌケに作る〟ことを心がけてきた。そのものだけで完結していると、モノやヒトの入る余地がない。モノが入って、他のヒトが使って、器は初めて完成する。

土が得意な形は、古代から変わっていないということが縄文土器や弥生土器を見ると、よく分かる。陶工技術が発達した今、私たちは派手な釉薬を作ったり、筆で描く絵付けからシルクスクリーン印刷のシールを貼って焼くこともできるけれど、土の性格は変わらない。

大事なのは、土との対話で、

「ねぇ、この形大丈夫？」

「え？　それ、無理」

と土が応えれば、その作品は乾燥途中か、窯の中でか、とにかく必ず割れる。

静岡の土も、焼き物になる

「地球上の土は焼けばみんな焼き物になる」と、頭では分かっていた。

２０１１年４月末、私は近所のカフェでお茶を飲んでいた。店主が

「これ、ノリコって言うんだよ」

「なに？　あたし、空洞ってコト？ 中身ないってコト？」

「ちがうよ。たくさん入るってコト」

「この本、知ってる?」と見せてくれたのが、「やきもの実験、静岡の土」(静岡新聞社)という本だ。ちょうど、静岡市美術館で「土を焼くと、やきものにな一る」という子ども向けのワークショップを行う直前で、自分たちの足もとにある静岡の土を焼いて見せてあげたいと思っていた私は、その本を借りた。

家に戻って読んでみると、自宅からすぐの日本平でも粘土が採れると書いてあった。私は作りたいものによって、いろんな地方の土を原料屋さんから取り寄せ、電機窯で焼成していた。恥ずかしながら「粘土って山から採れる」程度のイメージしかなかったのだ。さっそく、この地図を頼りに行ってみよう!と日本平に向かうと、ちょうど道路工事をしている人がいた。車から降りて、1mほど掘られた土の層を見ると、黒い粘土層が見えた。

「おじさん、その土、欲しい!」

「え? 何、どこ??」

「それ、その黒いとこ!」

「じゃ、ちょっと来て」

といわれて、中に入り、黒い粘土層を手に取ると、ひんやりとなめらかで、原料屋さんから買うビニール袋に入った粘土となんら変わらない。今すぐ、形を作れそう。

「もう、この土はベタベタして、やりにくくてしょうがないよ」なんておじさんは嘆いていたけれど。

工事にはまったく不向きな、真っ黒なその土でテストピースを作り、まず890度で焼いてみる。それは綺麗なレンガ色に焼けた。焼いたものは、植木鉢のような素焼き状態。今度は1100度で再び焼いてみると、固く焼き締まった。

ちょっと説明すると〝素焼き〟というのは、土が完全にガラス化していなくて、たくさん孔がある状態をいう。分かりやすい〝素焼き〟は植木鉢。小さな孔がたくさんあるからそれだけ水分を吸収する。自分の舌で舐めて、舌が吸われるようなら焼き締まっていないし、吸われずに、だ液が表面に残れば、焼き締まってガラス化しているという目安になる。

さて、日本平の土を焼いて数ヵ月後、2011年の8月。私はオランダのセルトーヘンボスという町にあるekwc（ヨーロピアン・セラミック・ワークセンター）にいた。アーティスト・イン・レジデンスに招いていただき、3カ月間滞在して作品制作を行うためだ。ここには世界最高の陶芸施設が整っていて、素晴らしい技術者たちが、自分のスタジオではできないもの作りをサポートしてくれる。

私はこの時、アルファベットのAからZまでの頭文字を持つ、暮らしの中のセラミックス（陶器）を制作するプロジェクトを進行していた。セラミックはコーヒーカップから、鉛筆の芯、義歯、NASAの宇宙船に使われる部品まで、実にさまざまなものに使われているからだ。ただ、私がオランダに行ったのは、東日本大震災が起きてからわずか5カ月ほどしか経っていない頃。自分のプロジェクトを進行させたかったけれど、とても作品に集中できるような心境ではなかった。遠い日本に思いを馳せ、呑気にオランダで制作なんかしていていいのか?と、ため息とともに途方に暮れるばかりの日々が続いた。とはいえ、招かれてここに来ている以上は、何か作らなければならない。ウンウン悩んでいたある日、"everything but the kitchen sink"というフレーズを見かける。

【everything but the kitchen sink】（キッチンシンク以外すべて）

この言葉は、旅行に行く時にあれもこれも必要だと、荷物が多くなってしまうことを指す英語の言い回し。第二次世界対戦中、武器製造のために一般人もありとあらゆる金属を供出したが、陶器のキッチンシンクだけはリサイクルできないから家庭に残ったというのが語源だという。その言葉を聞いた瞬間、震災からひと月後に行ったボランティア先の避難所で「津波まであと30分と言われて、私、何持って行こう?と考えてしまって。けっきょく何も持たずに逃げたんです」と話してくれた若いお母さんのことを思い出した。そして、私の中に、家の中で最も不要とされたキッチンシンクを背負って立つ女性の姿が浮かんだ。それは、すべてを失っても「次はどこへキッチンシンクを置こうか?」という前向きな女性のイメージでもあった。アーティスト・イン・レジデンスで与えられている期間は3カ月。私はオランダで、背負えるキッチンシンクを制作することにした。

シンクの制作には大きな石膏型を使う。その重さと大きさゆえ、自分の作品なのに3人の男手を頼まないとほんの少しの移動もままならない。ある日、アシスタントのディエゴと教会の横にあるカフェで休憩をしていた時、「大きな作品はもう作りたくない。土に向かないし、あんなの、作家の自己満足だよ」と愚痴をこぼすと、彼は「あの教会、見ろよ。あれ、土でできてんじゃん」と、目の前にそびえ建つSt. John's Cathedral（聖ヤン大聖堂）を指差した。わわわ、そうだ!通りも家も、教会も、よく見たらみんなレンガでできている!! 小さなレンガを一つずつ積みあげて、こんなに大きなものを作ってる。

日本への帰国が5日後に迫った11月の終わり、私はあるレンガ工場を訪ねた。Steenfabriek

Biezeveld（ステーンファブリーク・ビーゼフェルト）社から、バーガーさんという男性が私を迎えに来てくれた。晩秋のヨーロッパらしい深い霧の朝だった。バーガーさんの運転で、ドイツから流れるライン川と、フランスから流れるマース川が交差するあたりにある粘土の採掘場へ向かう。海抜0m以下という場所もあるオランダでは川の流れはとてもゆっくりで、細かい土の粒子が川底に溜まる。その泥は、陶芸に使う粘土の原料となる。だからこの辺りでは、古代ローマ時代からレンガ作りが始まったのだと聞いた。「原料の生産者？　地球」と言ってバーガーさんは、車中で笑った。

レンガ工場へ着くと採掘した粘土が、山になって外に放置してあった。そのままでは使えないのだという。「こっちの山はね、赤い土。こっちのはね、ちょっと黄色い土。注文に合わせて、色を混ぜんの」（え？　テキトー…）雨が降れば、土の中の余分な成分は流される。この状態はただ放置しているわけではなく、外で粘土をさらし、風化させているというわけだ。煉瓦作りの現場へ入ると、おじさんが一人で作業していた。「1日に何個作れるんですか？」「300くらいかな」。パッコン、パッコンと木の型を抜いて煉瓦を作り続けるおじさんの横に、修行中の若い青年が立っていた。

「この国には、200年前、300年前、500年前に建てられた教会もあるからね。修理するのはうちのレンガじゃないとダメなの」あー、聖ヤン大聖堂も500年以上前に建てられた教会だ。工業生産の画一化されたレンガでは、形が合わないってことだろう。

「日本も土が採れるけど、レンガの家はないです」

「僕らの国には、地震がないから。ラッキーだ」

土は、本当にその社会や文化を反映している。この工場見学のことを他のオランダ人に話してみたけれど、粘土がすぐそこで採れていることはほとんどの人が知らなかった。


さらに、帰国して年が明けた1月、私は新潟県の阿賀野川沿いにある瓦工場を訪ねてみた。安田瓦の産地であるこの辺りの工場は、オランダと同じように粘土の山が敷地内にあり、風雨にさらされていた。そこらじゅう粘土だらけで、たぶん素人には泥の山にしか見えないんだろうけれど、地元の人はオランダで会ったレンガ工場の人たちと同じように、あのあたりの土は赤っぽいとか黒っぽいとか言いながら、粘土の使い分けをしていた。驚いたのは、瓦工場の片隅に置かれたクズ粘土。成型の段階で失敗して焼かなかったもののようだ。

「あの粘土はどうするんですか?」

「ありゃ、漬物に使うんだよ」

「へ?!」

「茄子なんか、綺麗な色になるんだよ」

土で漬物?! なるほど、これが泥漬けか! そこにあるものを無駄にせず使う。土と共に生きてきた暮らしから生まれた、生活文化がそこにあった。


震災から4ヵ月後、仙台市の隣にある多賀城市で瓦礫の山を見たとき、人間は便利のためにいろんなものを作ってきたけれど、それ、何でできてるの? これ、本当に全部必要なの?と思った。自然に戻ることのできない素材は海を渡って、よその国にも漂着していた。オランダでは、一緒に滞在制作をしていた作家仲間とよく震災の話をした。ある日、中の一人が、モロッコの焼かない日干し煉瓦の家の話をしてくれた。川沿いにあるその村では洪水があると、家は一部崩れてしまう。でも村人は、また足元にある粘土をこねてレンガを作り、補修して暮らすそうだ。なんてこたぁない。土があれば、食べるものを作れるし、器も、家も作れる。土さえあれば、生きていけるんじゃない?

そうして2012年の春、私は「田んぼの土で器を作って、同じ田んぼで稲を育て、秋に収穫した米をそこの土で焼いた器で食べる」実験をやってみたい、と思い立った。実験の場所に選んだのは、かつて評議員をやった登呂遺跡。（この時はまだ、登呂は安倍川の扇状地で、オランダや阿賀野川と地形が似ているなんてことにも気付いていなかった）。

私は、当時、登呂博物館のミュージアムショップを運営していた株式会社レ・サンクの田嶋孝成さんにこの話を持ちかけた。二つ返事で彼が声をかけてくれたのが、登呂博物館学芸員の稲森幹大さん（当時）と、静岡市の安東米店の四代目、長坂潔曉さん。

そして、いざ。作戦会議が6月にスタートした。

これが、今に至るまで続く社会実験のプロジェクト「アートロ」の始まりだ。

私にとって、作品は美術館やギャラリーで発表し、器は誰かの家で一緒に年を重ねていくものだった。

この日から舞台は田んぼに移った。そして、私自身の、登呂と弥生時代の人たちを巡る、長い旅もまた、始まった。

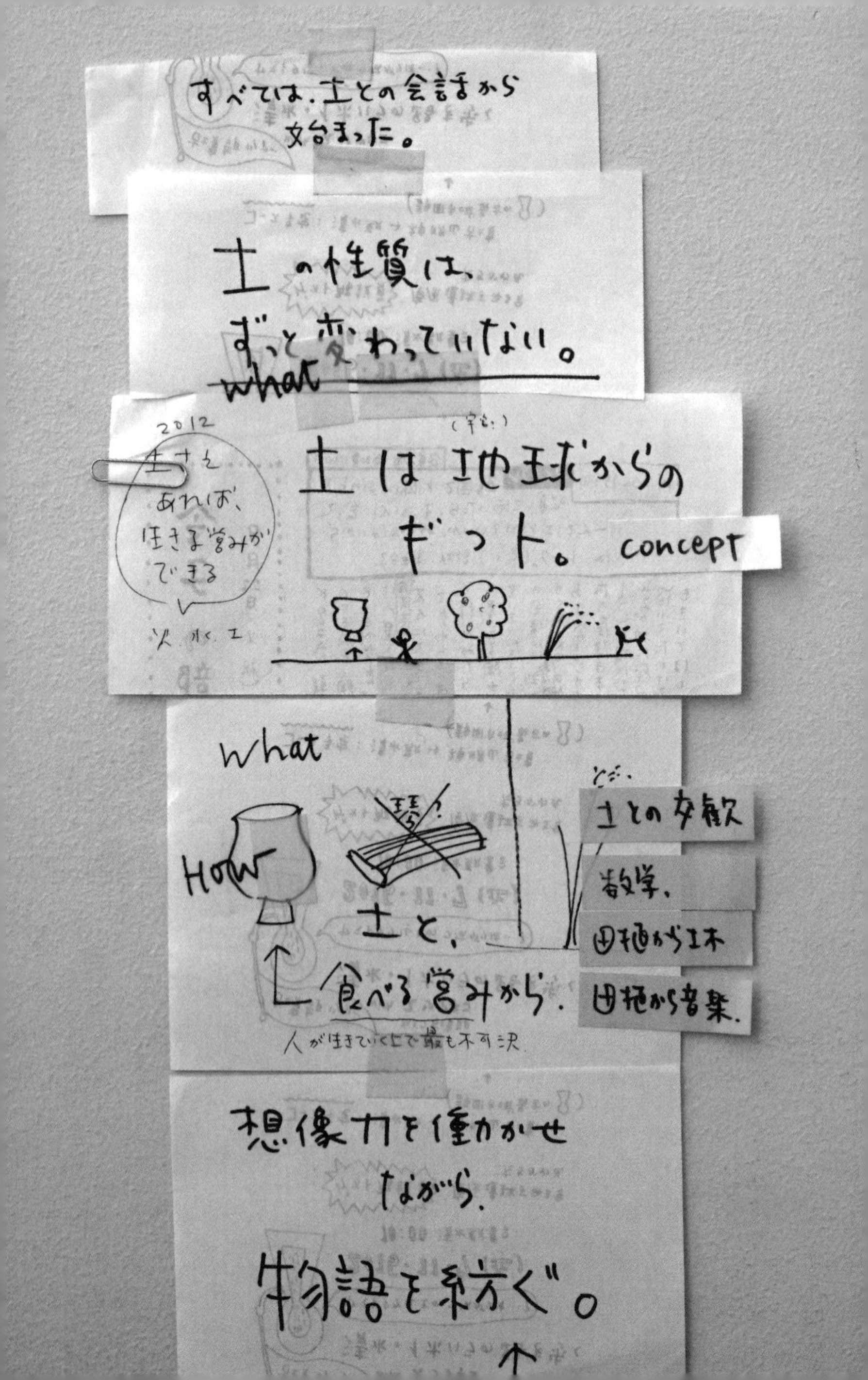
すべては、土との会話から始まった。
土の性質は、ずっと変わっていない。
what
2012
土さえあれば、生きる営みができる
火.水.土
（宇宙）
土は地球からのギフト。
concept
What
How
土と、食べる営みから。
人が生きていく上で最も不可欠
土との交歓
数学、
田植から土木
田植から音楽.
想像力を働かせながら、
物語を紡ぐ。

第二章

アートロを始める

2013年春、『土さえあれば生きていける』をテーマに、一年を通して土から作る・食べる・生きるという循環を体験する活動として、アートロがスタートした。主宰は登呂会議、私と安東米店の長坂さんが中心になって、年間を通じた講座『土がぼくらにくれたもの』を開くことにした。年齢も性別も職業も実にさまざまな人々が、講座に加えて、春から秋までの半年間、年に6~7回登呂遺跡に集まり、弥生時代の暮らしを想像しながら、米作り、土器作りを行う。田んぼの土から器を作り、同じ土で稲を育て、収穫した米を土器で煮炊きする。その中で生まれた「?(はてな=疑問)」と「!(がってん=発見)」を毎回メンバーで共有し、翌年の活動に反映する。年を追うごとに考察が深まる反面、想定外のハプニングも増えていった。「頭で分かるのと、身体で分かるのは、ちがう。やってみないと、解らない」という信条をもとに、そのたびに引っかかっては考え、試し、行動してきた。活動はより深化した形で今に至り、「暮らすこと」「住むこと」へと拡がっている。

※登呂会議　2010年の国指定特別史跡登呂遺跡・静岡市登呂博物館リニューアルと共に発足した任意団体。

アートロの活動風景

2000年前の登呂ムラの人たち

「弥生時代の人」ってどんな人？　生まれた時の姿かたちはまったく同じはずなのに、ぜんぜん自分とつながってなかった。彼らは「昔の人」じゃなくて、人間の先輩。彼らがいたずっと先の今、その先端に私たちがいる。

登呂ムラの人びとは、はしごとして使った木をリサイクルして、田んぼの杭にした。割れた土器を桜の皮で修繕したものも出ている。70人程度の人が住んでいたらしい登呂のムラには、外敵を防ぐために集落の周囲を深い濠《ほり》で囲った環濠もないし、武器も出ていない。武器のような格好の木製品は出土しているけれど、子どものチャンバラごっこか、祭事に使われるような代物だ。住居跡を見ると、特に首長の家らしい大きなものもなく、どれもほぼ同じ大きさで、中には囲炉裏が一つある。弥生時代になると米を巡って争いが始まったというけれど、登呂ムラの人たちは、穏やかに暮らしていたようだ。なんだか今の静岡人気質そのままかも。

登呂遺跡で、アートロを立ち上げ、弥生時代の暮らしがどんなだったかをなぞり始めたら、2000年前の登呂ムラの人は私にとってとても身近な存在になった。実験を重ねるほど、おんなじ生身の人間として「こんな時、あんな時、私だったらどうする？」と同じ目線で考えるようになっていった。

人間が作った形には、意味がある

登呂遺跡で最初に始めた実験は、田んぼの土に何も加えず、ただこねて器を作るというものだった。採取した田んぼの土で飯碗を作り、同じ田んぼで育てた稲をその秋に収穫して、作った飯碗で米を食べる。米を食べて、力をつけてまた働く。なんてシンプルな仕組みなんだろう。自分たちのアイデアに感動し、「土さえあれば、生きていける！」と意気込んで始めてみたものの、これがなかなか、一筋縄ではいかなかった。

弥生時代の人は、これを何に使ったと思う？

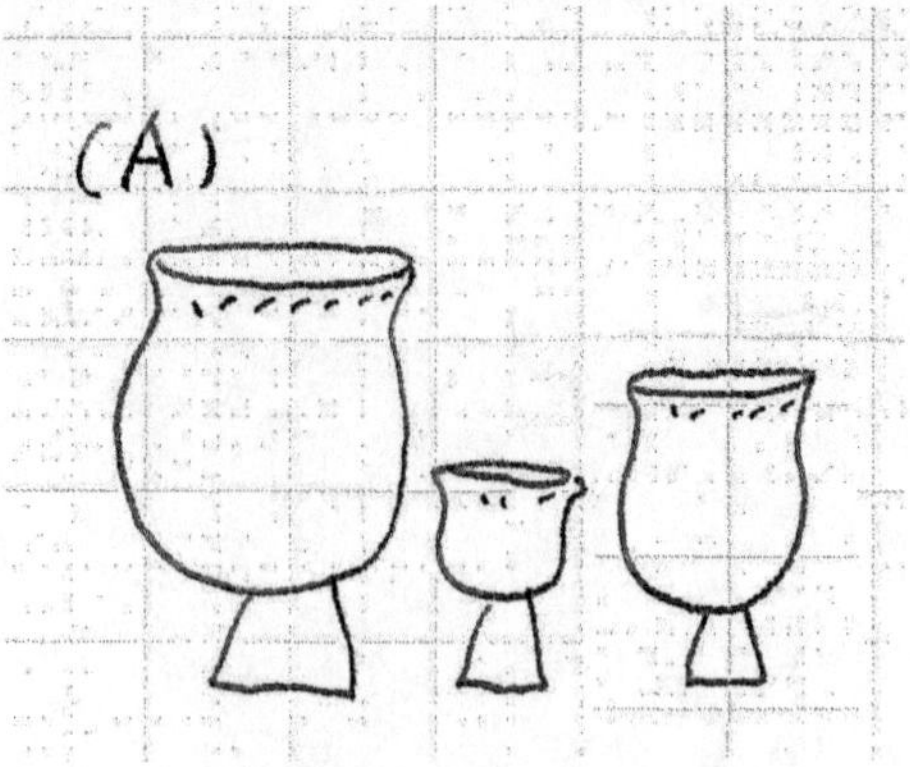

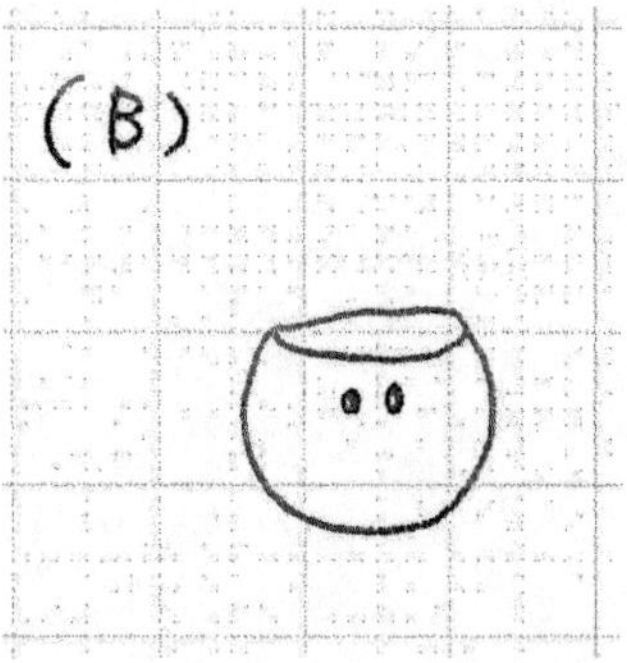

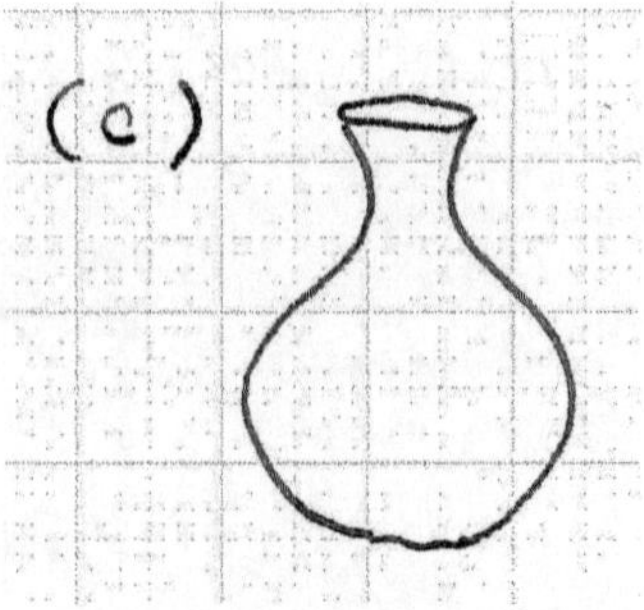

(A)　これは、煮炊き用の台付甕形土器。登呂遺跡ではだいたい3種類の大きさが出土している。この台のまわりに枯れ枝や草を置いて火をつけ、煮炊きをしたというので、私はまず市販のテラコッタ粘土で一番大きなサイズの甕を摸して、同じようなものを作ってみた。9月に初めての煮炊き実験を行うと、なんと、この口縁の小さなカーブのおかげで火を焚いても、甕の中に煤が入らない。サイズの大小はあっても、煮炊き用にはこの形。ちゃんとデザインされている。

(B)　この器でゴハンを食べたら、野焼き※なので表面がザラザラしていて、どうにもこうにもお米がくっついてしまう。汁物をいれたら今度は滲み出てしまい、一度吸水するとちっとも乾かず、器にカビが生えてくる。試しに、一度納豆ごはんを食べてみたら、匂いが取れなくなった。2000年前の人も、カビが生えるのはイヤだっただろう。…これは本当に食べるための器だったのかな?…で、よくよく見ると、これは現代人的にはいかにもお茶碗の形をしているけれど、横に2つ穴が空いている…。ふむふむ、もしかしたらこれは蓋とセットだったからではないか?…そうか、これはお茶碗じゃない。おそらくなにかを保存する器だ。

※野焼き＝野外で窯を使わずに焼き物を焼くこと。700〜800℃度前後の焼成。

(C)　この壺も、保存用。出土品の破片を見せてもらうと、台付甕形土器の粘土素地には、大量の砂粒が練りこまれている。(B)と(C)には、砂粒が入っていない。(A)の煮炊き用土器には、意図的に砂を入れたことが推測できる。実際、今、私たちが使う土鍋にはシャモットという砂を練りこんである。これは制作から焼成の過程で収縮率を減らし、割れにくくするためだ。それを2000年前から分かっていたとは！　しかも、この出土土器と同じくらいの砂を練りこんで作った台付甕形土器でお湯を沸かしたら、粘土だけで作ったものよりお湯が沸くのが早い！早い！　熱電導率が高いことも分かっていたし、燃料の無駄遣いもしない。2000年前の人類が遅れていた？　とんでもない！　彼らは、私の大先輩。人間の先輩だ。

土器は半生焼け？

初めて野焼きで土器を焼いた時、割れてし

まった破片を見たら、内側は黒く表面は煉瓦色で、サンドイッチのようになっていて、この粘土の適正温度は700~800度より高く、半生焼けだと思った。ところが、出土品のかけらを見ると、同じようになっている。冬にどこのお宅でも活躍する土鍋の底の温度はだいたい700度くらい。ということは、野焼きで半生焼けの甕形土器を毎日使っていれば、だんだん焼き締まっていったかもね？なんて想像する。

今でも、土ものの器は、貫入に染みが入るのを防ぐために、米ぬかや米のとぎ汁で煮沸すると良いと言われている。煮炊きを繰り返すことで、だんだん土器の肌理《きめ》に染み込んで丈夫になっていったのかもしれない。

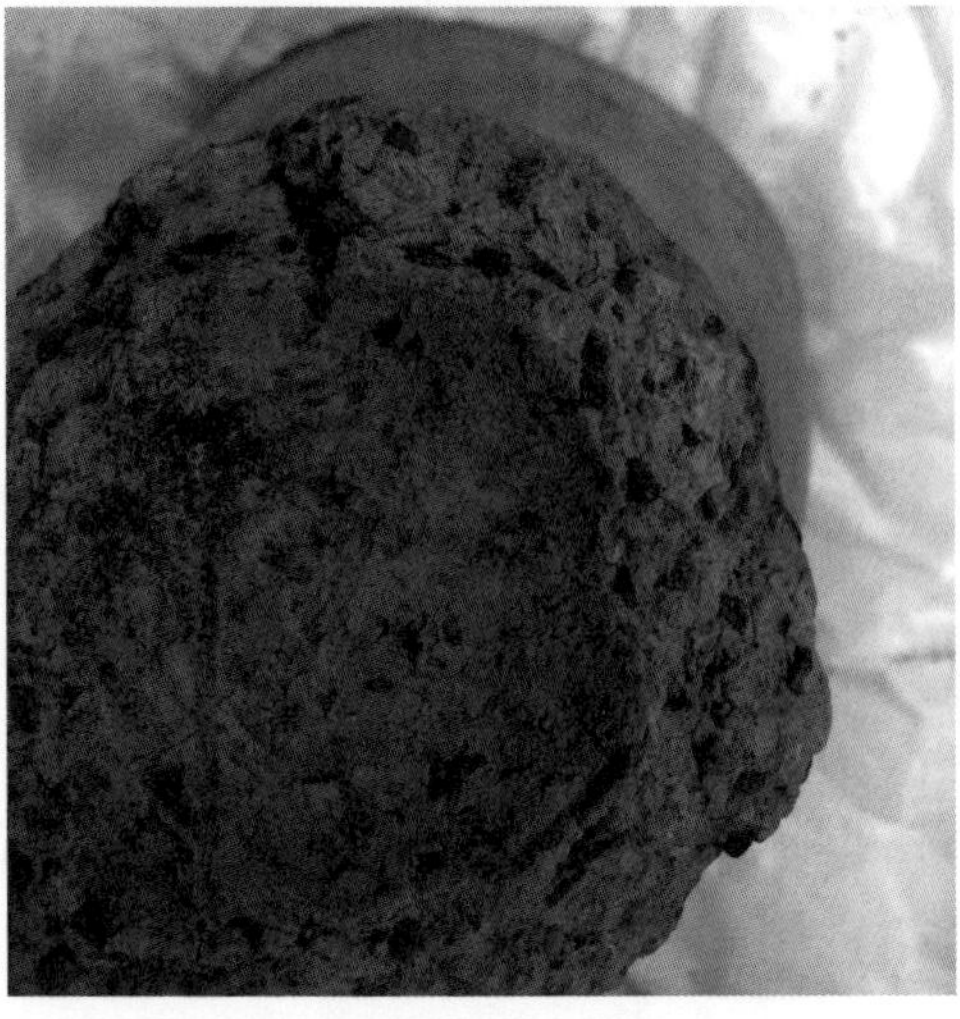

砂つぶが入った出土品の破片

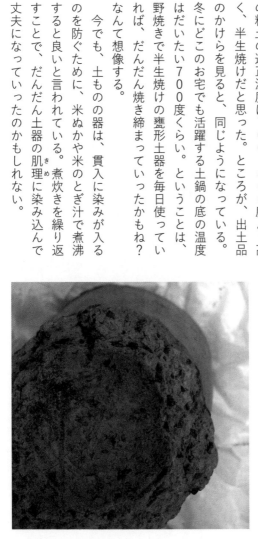

葉っぱをロクロにする

おんなじ土を扱う人間だから、分かったことがある。登呂遺跡に通い始めて半年経ったある日、稲森さんと2人で展示物を見ていると、壺の底に葉っぱの跡。

「あ、これ葉っぱをロクロに使ったんですよね?」

「そういう説もあります」

「葉脈底といって、葉っぱの跡を残して…」

「や、ロクロでしょう? 何の葉っぱを使ったんでしょうね?」

「うーん…さぁ…?」

「やってみましょう! これ、ロクロですから!」

自宅向かいの畑にある柿の葉を取って、ロクロの代わりに使ってみると、なんとも調子が良い。葉の裏側にある葉脈の膨らみが粘土の底に引っかかり、葉の表側のつるつるとした面はよく滑ってクルクル回る。地方によって葉っぱでなく、編んだ布をロクロ代わりに使った跡があるそうだ。いずれも足元にある素材を利用している。土玉から電動ロクロでひいて形を作ったら、少し乾いたところでひっくり返して再びロクロに据え、底を削る作業をする。それに比べると、葉っぱロクロは本当に効率が良く、底を削る手間もないし、時間も労力も省エネ。

私が眺めた土器には、考古学の見方と違う点がもう一つあった。初めて柿の葉でロクロ実験をしたとき、壺の底から一番膨らみのあるところまでひも作りで積み上げて、浅い鉢くらいになったところで、私は休憩を取った。2時間ほど放っておき、粘土が固くなるのを待つためだ。

考古学の専門家は「ここに継ぎ目があります」という。陶芸家の私にとっては、

ここで1回休む。お昼ご飯を食べて2時間ほど放置。

葉っぱロクロ

アタリマエすぎて、何のことを言っているのか分からなかったくらい。鉢のように上が開いた形がまだ柔らかいうちに、壺のような形にすぼめながら粘土を積み上げたら、重さでぐにゃっと潰れてしまう。縄文土器のようにほぼ同じ直径の筒型は、時間を置かずともひたすら積み上げればよい。膨らみのある弥生土器は、そうはいかないということだ。

なのに、考古学の論文には「弥生時代になると、土器を作るのに休憩時間が増えるようだ」なんて書いてある。「いやいや、怠けてたわけじゃなくて！　固くなるまで待たなくちゃ作れなかったんですよ〜」と弥生人に代わって言ってあげたかった。しかしこれは「鉢みたいなこの形だけを作る人」という分業の始まりにもつながったかもしれない…と、私の想像を膨らめもした。土器を作り始めたばかりの新人は、せっせと底の部分だけを作り、長老が上の方を作っていた…とかね？

自分の印

弥生土器はつるっとしちゃって味気ない、という目でしか見てなかった。ある日、子ど

← いっつも、ここで…
割れちゃう、もう涙
ってなってたはず。
だから、こう切り離して
かまどにしたんだろーね
進化

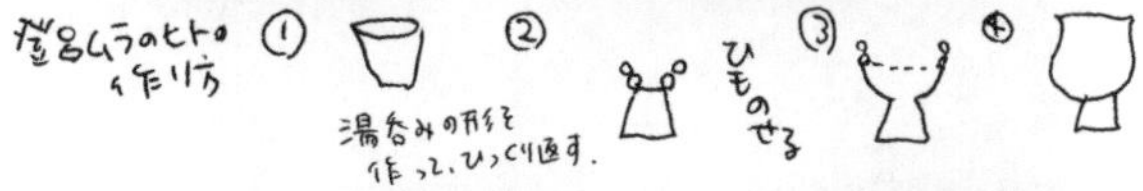

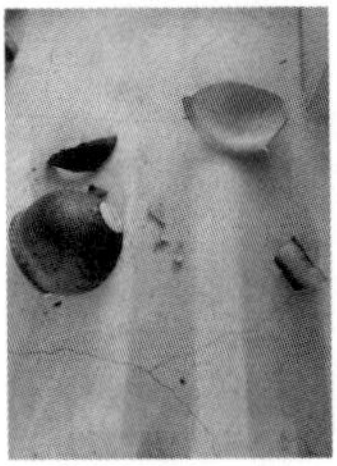

ネコがのぞいて
引っくり返し
われてしまった。
そしたら、作り方が
ちがうコトがわかったよ。

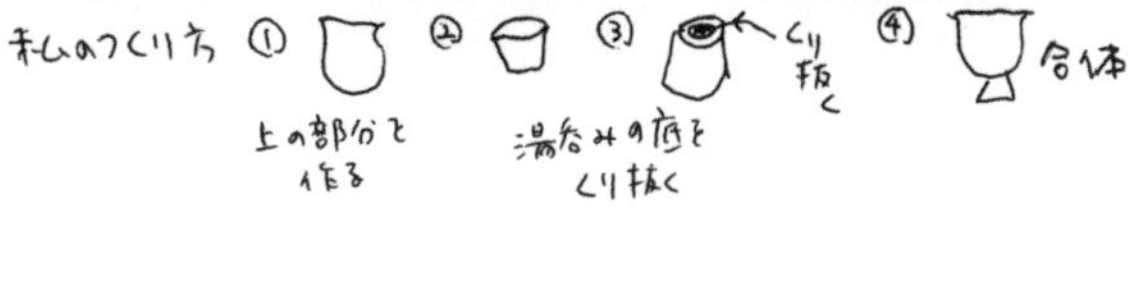

登呂出土の弥生時代の小型壺形土器（模様あり）。国の重要文化財指定
写真提供：静岡市立登呂博物館

ふじのくに子ども芸術大学に参加した小学生の作品（2015）
写真提供：登呂会議

もたちと葉っぱロクロのワークショップをやった。市販のテラコッタ粘土と、田んぼの土を自分で粘土にしたもの、2種類で器を作って比べてみようという試みだ。まず、子どもたちが粘土と仲良くなれるように、扱いやすいテラコッタを使い、紐作りという手法でお碗を作ることに。紐作りというのは、文字通り粘土を紐のように伸ばしてぐるっと巻いて輪っかにしたものを積み上げて、器の形にしていくもの。次に、乾燥させた田んぼの土に少しずつ水を入れて練り上げて粘土を作る。テラコッタと同じように「お碗を作ろう」と言うと、「また、おんなじ形、作るの?」と口を尖らせた子がいた。

「じゃあ、田んぼの土で土の神様を作って、テラコッタで作った器に模様を描こうか」と提案したら、なんだかみんなして急にノリノリに。すごく楽しそうに、それぞれの神様を作り、それぞれの模様をお椀に描きはじめた。これまで私は、先人がこれらの器をどうやって作ったのか? どう焼いていたのか?という技法にばかり注目していて、彼らの(登呂ムラの人たちね)キモチ…〝作る喜び〟のことなんか、考えてもみなかった! あらためて、弥生土器の写真を眺めると、縄文みたいに派手ではないけれど、あー…こう、ぐるぐるっとうずまきを掻いて、余ったところを四角で埋めたくなったのね!…なんて、クスッとしてしまうような引っ掻き模様がたくさんついていることに気付く。すると、作った人の気持ちが急に現実味を帯びてきた。子どもたちと同じように、ちょっとしたお楽しみ、作る喜びを、先人たちが感じなかったわけがないよね。
　弥生土器に描かれた抽象的なぐるぐる渦巻きや三角、四角の模様は、縄文の人からみたら、ちょっとばかり未来人。

　誰かが（スナフキンみたいなやつ）、「こんな土器があるよ、便利だよ」と登呂ムラに通りすがり、その誰かの作ったものをいいね！と真似をする。最初は真似っこでも、やっていくうちにその人のものになって、そこのムラにしかない材料や粘土に置き換えられる。得意な長老が若い人に教える。そうして、その地域独特の癖ができていく。個性も出てくる。そういう癖が文化なのかもしれない。

登呂で、野焼きする

　さて、原料屋さんから粘土を取り寄せていた私が、まさか、田んぼの土から粘土を作り、それを野で焼くことになろうとは考えてもみなかった。
それまでは穴窯を作ることにも興味がなかったが、野焼きをやるからには、と各地の博物館が行う野焼き方法を一からスタディすることにした。最初は登呂博物館の指導員さんから教わって、火の回りに土器を並べて焼く方法を試した。乾燥させた土器を炙りつつ、地面の湿気を取るために製材所から博物館に寄付された木っ端でボンボン火を焚く。最近は焚き火を見ることもあまりないからそれはそれで盛り上がったけれど、木を切るのも大変な時代に、こんな派手に燃料を使うかな…?

私の電気炉にはデジタル制御装置がついている。素焼きなら300度までゆっくりと温度を上げ、500度までに水分を完全に除去するのが大切で、急激な温度上昇は避けたい。500度を超えると化学変化によってガラス化が始まる(と、習った)。さて、記念すべき第1回野焼きは何度まで温度が上昇するのか? 実際に測ってみようと電気炉内の温度を測る温度計を持って行ったら、導線のビニールコートと金具を止めるプラスチックが溶けてしまった。なんと、目の前の焚き火は700~800度もあったのだ。自宅を兼ねたスタジオにある電気の窯で粘土を焼く時は1250度もあるのに、私はあまり危険を感じない。夏は暑いから窯炊きは避けたいとか、電気代がかかるなと思うぐらいだ。

そんな第1回目、初めての体験を経て、第2回目の野焼き実験は、炙りを省いた。地面からの湿気を避けるために角材を一番下に敷き、その上に藁ともみ殻を混ぜて土器を包むようにして置く。田んぼの土泥を蓋にして蒸し焼きのような方法にした。炙り工程はないものの、製材所からもらった角材や薪などを使って派手に炎を上げて焼いた。しばらくして、泥を塗りすぎたせいか、泥ふたは自分の重みのために陥没。

3回目は、地面からの湿気を避けるためと、空気の通り道を確保するため、割れた土器を一番下に敷いた。土器はもみ殻を内側に入れ、藁で包んで割れた土器の上に積み、薪を立てて崩れないようにした。枯葉で周りをぐるりと囲み、少しずつ暖める工夫をした。11時に着火、夕方16時すぎても炭の内側は真っ赤だった。後日窯屋さんが電気窯の修理に来たとき、3回目の野焼きで焼いた土器を指でピンと弾いたらいい音がして、「よく焼けてるね!」と驚いていた。温度が何度まで上がったか?ということより熱量が大事。こういうことも、アタマで分かったつもりになってただけだ。(53頁の写真参照)

そんなこんなしながら、最終的には、太めの木っ端を一番下に敷いて、藁やもみを燃料に、田んぼの泥土をフタにして行うという野焼きのスタイルが完成した。土器を焼くための素材はすべて田んぼや周辺に落ちているものから調達できて、角材を使ってメラメラ焼かなくても、じっくり綺麗に焼けるという方法だ。

実をいうと、2008年頃から、私は「ほとんど焼かない陶芸家」になっている。きっかけは、所用で出かけて東京駅に着いたらすごい嵐だったという日のできごと。新宿3丁目で地下鉄を降りて外に出ると、暴風雨に耐えられずに折れてしまったビニール傘が、ビルの吹き溜まりに山積みになって捨てられていた。それを見ながら、この傘を作った人ってこれがどんな風にその役割を終えるのか、考えたことあるんだろうか…と考えてしまった。そしてそこから、「ものを作ること」を生業にする私自身、作った焼き物の行方を考えたことがあっただろうか…と思うようになった。

私は、土を焼くのが怖くなった。1250度以上で焼いた陶器のリサイクル率は25%にも満たなくて、私は自分の好き勝手で土を焼いて地球に還れなくして、それでいいのかな?と思うようになっていたのだ。でも、野焼きの温度なら陶器も地球に還れるんだ!

2014 年 9 月の野焼き風景。
現在はほぼ、田んぼからの副産物で焼けるようになった
写真提供：登呂会議

あるものをエネルギーにする

ある日、身延線で松本へ向かっていた。沿線の田んぼで稲刈り後の焼田をする風景が続いているのを眺めて、ふと思った。

登呂遺跡から、土器を焼いた窯場は出ていない。じゃあ、彼らは土器をどこで焼いていたんだろう？　もしかしたら、稲刈り後の藁を使って、田んぼの上で土器の野焼きをしていたってことはないだろうか？　長坂さんに聞いてみると、焼くことは、田んぼの土の消毒と栄養になることを教えてくれた。なるほど、早々に、次の年の準備をするわけだね。出土品には、土器に穴を空けるのは大変な手間で、彼らが土器を大切にしていたことが伺える。ために、壊れた土器を桜の皮で継いだものが見つかっている。割れた土器を修繕するそこまで大切にしていたというなら、土器はそんなに頻繁に焼けるものではなかったと推測できる。米の収穫は年に一度。穂刈りした後の藁や草を使って田んぼを焼いて、消毒して肥料にもして、ついでに土器も焼いていたのかも。なにしろ、寒い時期に野焼きをすれば、暖かそう。焼畑ならぬ焼き田んぼ！　やってることが素敵じゃない？

登呂博物館の元学芸員で民俗学が専門の大村さんにその話をしてみると、「火耕水耨《かこうすいどう》」という言葉をおしえてくれた。

※【火耕水耨《かこうすいどう》】とは、中国漢代の「史記」や「漢書」に記されている古代江南地方で行われていたという水稲農法で、諸説あるが、四文字から察するに「火で耕し、水で草を刈り取る」つまり、焼畑を水田で行うかのようなこと。肥料や農薬などの技術が生まれるはるか昔、先人たちが気づいた水稲技術である。

土は、何からできている?

登呂で実験を始めた2012年春、稲森さんと登呂遺跡公園の田んぼの土を採取した。水が入る前の田んぼの土をシャベルで掘ると、茶色い地表面から下にはグレーっぽい土が見えて、少し粘り気があった。陶芸の人がいう「寝かせた土」に近い粘り。この時は、なぜ浅いところと深いところで土の色や質感が違うのか、特に気にも留めていなかった。日本平の工事現場の粘土と違って、田んぼの土には草の根や小石、砂利、ザリガニのハサミみたいなものが、多様に混じっていた。このままで陶器として焼けるのだろうか？ 採取した土を乾燥させて、塊をハンマーで叩き、粉状にして3つの違う方法を試すことにした。

① 藁や草の根などを手で取り除き、少しずつ水をくわえながら、土を丸めていく。

② 砕いた土をふるいにかけて水に入れ、上澄みを捨ててから、もう一度水洗いして、布を敷いたザルで漉す。一晩おいて、ロールピンで叩いて練り上げる。

③ ②と同様に、砕いた土をふるいにかけて、水に入れ、細かいメッシュのふるいに3回通して、不純物や荒い土粒を取り除く。一晩おいて、練り上げる。

それぞれ厚みが5〜10㎜、長さが10㎝の四角いテストピースを3枚ずつ作って乾かし、800度、1100度、1250度でスタジオにある電気窯で焼いた。890度では、3つとも見た目にあまり違いのない綺麗な煉瓦色。1100度で、焼き締まった。10㎝で作った粘土板は、①は85㎜、②は84㎜、③は81㎜になり、不純物が多いほど、縮まないことが分かる。1250度では3種類とも温度が高すぎて変形した。特に不純物を取り除かなかった①は、石が噴いて表面がボコボコになった。

古墳時代に朝鮮から技術が入ってくるまで、日本では野焼きしかできなかったといわれている。およそ800度で焼くのが、野焼きに近い焼き上がりだ。有機物や砂粒が多く含まれているほうが、この温度で焼くなら割れにくいし風合いもあるが、ボソボソしていて、形を作りにくい。よく陶芸家の人がいう「寝かせる」または、オランダのレンガ工場や阿賀野市の瓦屋さんみたいに「さらす」時間が必要なんだろうなぁと、漠然と想像した。

田んぼの土から焼き物にするための粘土を作り、丸めて置いて3カ月たったある日、丸い土玉を半分に切ってみたら、内側はグレーで表面はぐるりと茶色、まるでグレーのあんこが入った薄皮まんじゅうみたいになっていた。内側のグレー部分には、少し粘り気がある。あれ？　なんだ、コレ？　丸めた時はぜんぶ茶色の土だったのに。グレーのあんこの部分は粘土になっちゃって、表面の茶色の土は粘土にならず、丸めた時と同じ感じ。でも、これと同じような土の色の変化は…そうそう、見たことがあったっけ！　最初に土を掘った時の、深いところ、浅いところの土の色と質の違いにそっくりではないか。

深いところ、浅いところで土の色と質が違うのは、鉄分が酸化すると赤くなって、還元する（簡単にいうと酸素が届かなくなる状態ね）と青っぽくなるからだ。もっと分かりやすくいうと、上の方の茶色い土には酸素がいっぱい含まれていて、下の方のグレーの土には、酸素が届かないということだ。土には、いわゆる「分解者」がいる。例えば誰もが知っている代表格はミミズなんだけど、このミミズが土の上の有機物を食べて出して、を繰り返す。すると、ミミズの排泄したものをより小さいダニやトビムシが食べて出して、分解し、さらに小さな名もない微生物、何億という数の菌が連なって食べては出し、食べては出して、有機物は最終的に無機態窒素、リン酸、カリウムイオンのような無機化合物になるまで分解される。そこまで分解が進むとそれは植物の栄養となり、土はようやく無機化する。無機化の過程では、圧倒的に微生物の働きが大きいそうだ。それがグレーの粘土質の土ってことなんだ。今は、科学が彼らの存在を証明してくれるけれど、昔の人はそういうことを経験で分かっていた。陶芸家がいう「土を寝かせる」とは、土の中の微生物に有機物（植物や動物の死骸）を食べて（＝分解して）もらって、土が無機化していくこと。

岩から、粘土玉を創る

土のことを知りはじめたら、今度は陶芸家として何十年も呼んできた「粘土」って何?とあらためて疑問に思い始めた。調べてみると、地質学上は…な、なんと、岩とおんなじ??

え? 粒の大きさがちがうだけ? うそぉーーー?! 成分は同じってこと!? つまり、何かのきっかけで地表に出てきた岩が風雨で細かくなって、堆積していき…その一番小さな粒が粘土ってことだ。陶芸でいうところの「良い土」とは無機物の粘土だけれど、稲を育てるのに「良い土」とは、有機物たっぷりの土。で、植物に良い「土壌」といわれるモノは、この粘土+有機物でできている…オー

岩	
礫（れき）	2mm 以上の石・小石
粗砂	2-0.02mm=2mm 以下の砂
細砂	0.2 ～ 0.02mm
シルト	0.02 ～ 0.002mm ↓
粘土	< 0.002mm ↓

※シルト以下の粒の割合が大きければ、粘土的性質

粒の大きさによって名称が違う

マイガー！　知らなかったよ。土は５００ｍより深いところでは、土でいられなくなって、岩になっている。その岩がそれより浅いところで細かくなったものが、粘土。その粘土を人間が、形作って焼いたものが焼き物というわけだ。

小石と砂と粘土と、粒の大きさの違いだけで、みんな岩が小さくなったもの。要は、成分は変わらない。そこまで調べてみたものの、本当なのかな⁇　これは、自分で実験してみなければ…。

奮い立った私はある日、夫の実家がある熊本の石切山で拾った石を自分で粉々に砕いて粘土を作ってみようと思いついた。本来なら、自然の中で何十万年もかけて風雨にさらされ、石が劣化して細かくなっていく過程を、強引にぶっ叩いてやってみようというわけだ。…で、ぶっ叩くこと3時間…。ここまで細かくすれば良かろうと、粉になった元・石に水を足して丸めてみたが…あれれ？　パサパサ。なんでだろう？　なんで粘土にならないんだろう?…と考えて、うん、そもそも、粘土が採れるところってどんなところだっけ?というところに行きついた。オランダのライン川、新潟の阿賀野川…そうだ、世界中どこでも、粘土は川の両岸で採れる。そうか、川が増水したり氾濫したりして洪水が起きると、

3カ月丸めて放っておいた田んぼの土。草の種が入っていたのか、芽が出た

土団子を半分にした断面。
茶色いところは有機物いっぱいの土壌。地球の表面とおんなじだ

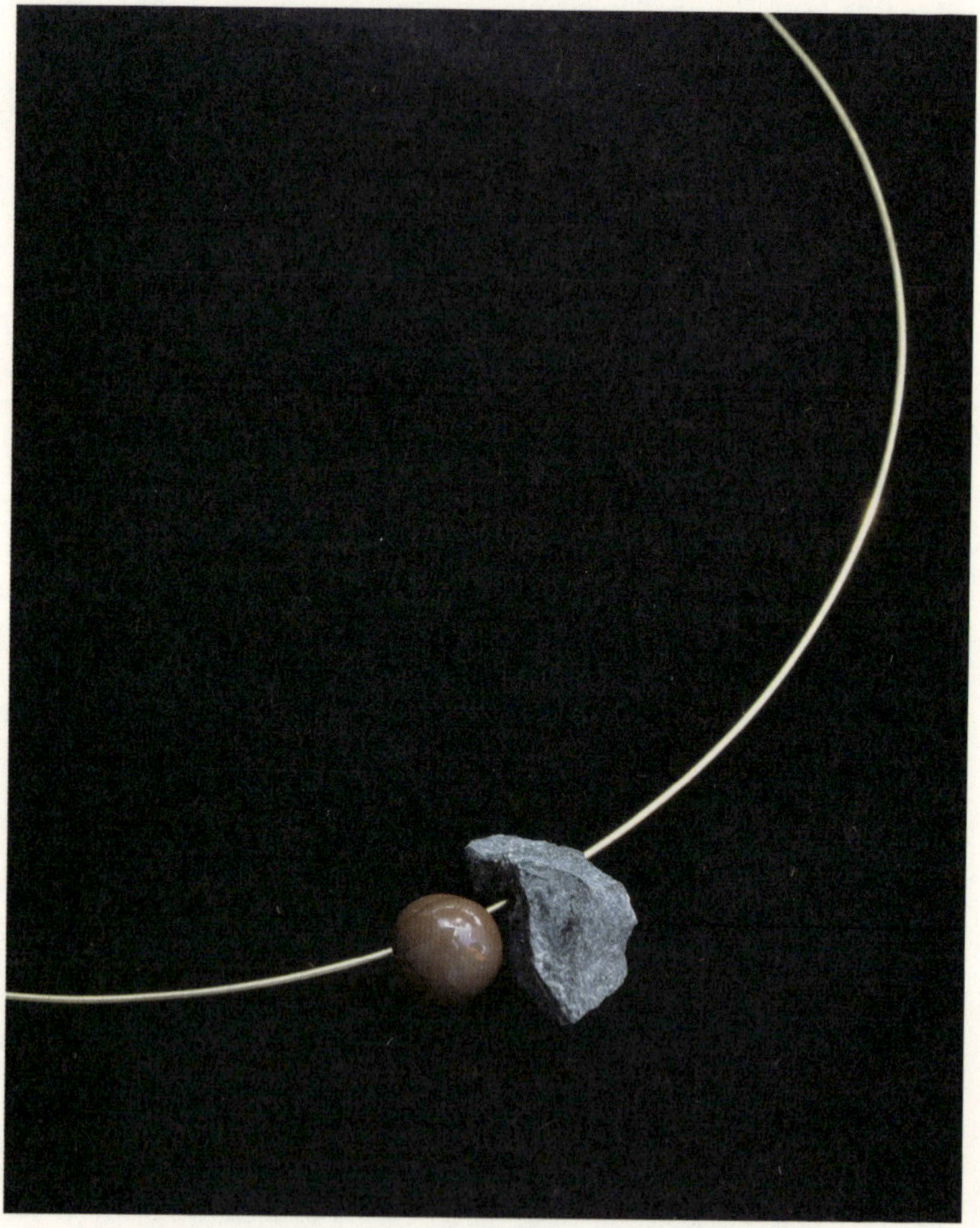

緑の石とその石を砕いて作った粘土の玉のネックレス

いちばん細かい粒がふわ～っと浮いて水と一緒に溢れ出て、水が引いていった時には、細かくて軽いから、一番上に堆積する。そうか！それが粘土だ！……だったら、このパサパサの粉（元・石ね）を使って、自分で洪水を起こせば良いのかも……。

ようやくそこまで辿り着いて、水を張ったボールに件の粉（元・石ね）を入れて、わーっとかき混ぜ、自家製の洪水を起こしてみた。粉はガラスのボールの中で、数日かけてゆっくり堆積していき、いちばん下に砂粒状、その上にもう少し細かい砂、とだんだん細かくなって綺麗な層を作っていった。自家製堆積層の上澄み液をこぼし、一番上の層を手に取ると「よく知っている、すこし粘りがある粘土の感触」がする。陶芸用の土だ。本当にできた!!　これを丸めて焼いてみると、綺麗なレンガ色のビーズができた。あの緑色の石は鉄分が多い石だったんだな、ってこれも焼いてみて分かること。

ちなみに「ミネラルウォーター」って、当たり前のように呼んでいるけれど、何をもって「ミネラルウォーター」なのか。ミネラルとは、岩石を構成する鉱物中の原子がイオンとなって水に溶け出したもの。何かの拍子にぴょこんと地上に出てきた岩が風雨にさらされ、溶脱したナトリウム（Na）カルシウム（Ca）マグネシウム（Mg）カリウム（K）が湧

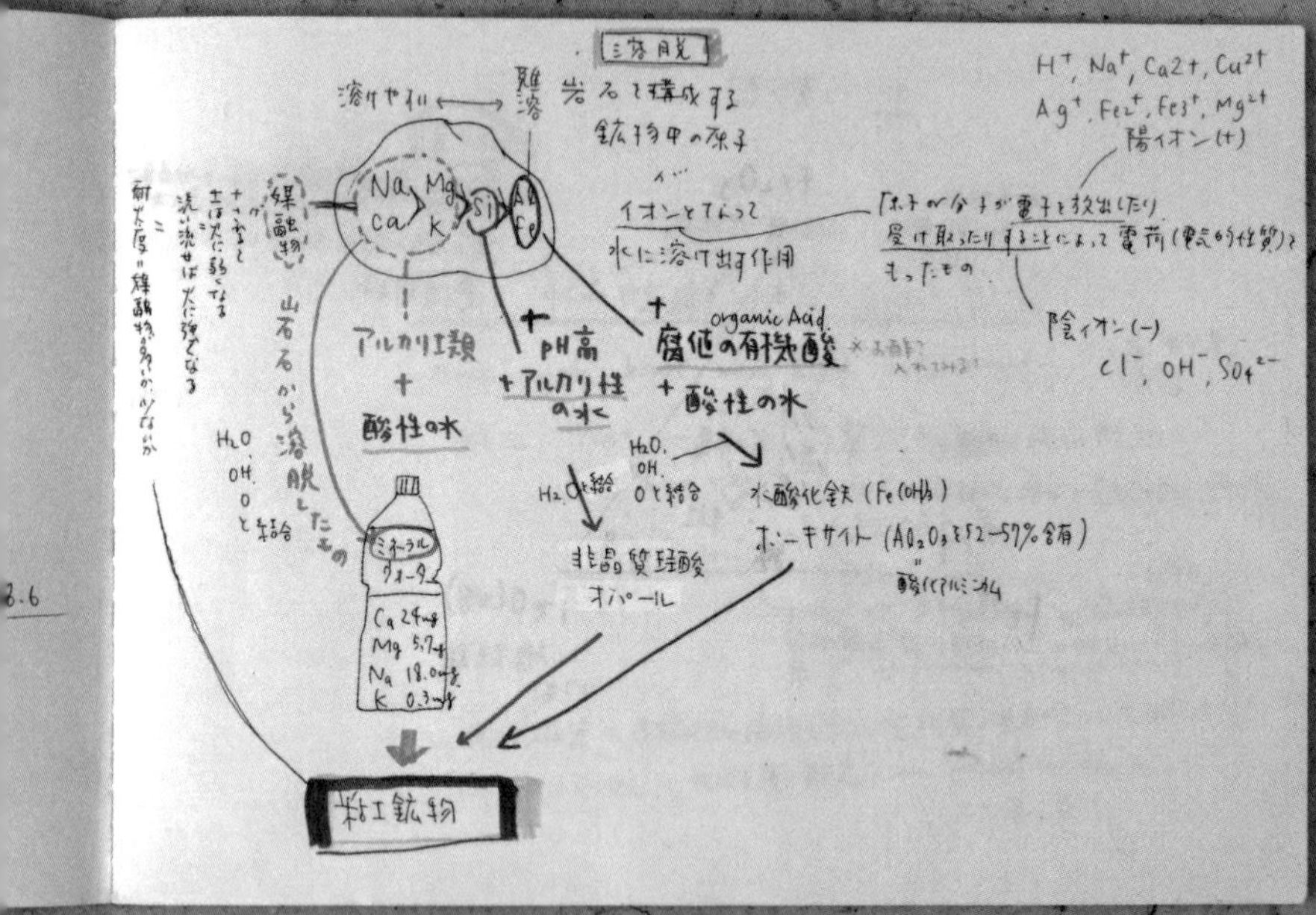
溶脱
溶けやすい ⟷ 難溶
岩石を構成する鉱物中の原子
が
イオンとなって
水に溶け出す作用
Na Mg Ca K Si Al Fe
山の石から溶脱したもの
アルカリ土類
+
酸性の水
+ pH高
+ アルカリ性の水
+ 腐植の有機酸 organic Acid
+ 酸性の水
H_2O, OH, O と結合
H_2Oと結合
H_2O, OH, O と結合
非晶質珪酸
オパール
水酸化鉄 ($Fe(OH)_3$)
ボーキサイト (Al_2O_3を52−57%含有)
酸化アルミニウム
ミネラルウォーター
Ca 24mg
Mg 5.7mg
Na 18.0mg
K 0.3mg
粘土鉱物
H^+, Na^+, Ca^{2+}, Cu^{2+}
Ag^+, Fe^{2+}, Fe^{3+}, Mg^{2+}
陽イオン(+)
「原子や分子が電子を放出したり受け取ったりすることによって電荷(電気的性質)をもったもの
陰イオン(−)
Cl^-, OH^-, SO_4^{2-}

長野県で拾った石を粉砕し、粘土を作った
(2016 年 7 月、Switch Point での展示)
撮影：ヤスタケノブオ

き水などに含まれたものを、ミネラルウォーターと呼ぶのだ。一方、水に溶けにくい珪素（Si）やアルミニウム（Al）鉄（Fe）が水や水酸化物イオン、酸素と結合したものが、粘土鉱物。ナトリウムやカルシウム、マグネシウム、カリウムが入ったままだと、粘土は火に弱くなり、これらの物質を水で洗い流せば強くなる。オランダのライン川や新潟の阿賀野川沿いで粘土を外に放置して雨ざらしにしているのは、雨水でこれらの成分を洗い流すためだ。

そして、田んぼの土が粘土になりやすいのは、微生物による有機物の分解で無機化が進んでいるのと同時に、いつも水に洗い流されているからだ。ああ、化学ってすごいのね。

米は、種だった

当り前かもしれないけれど、米って、種だ。アートロを始めたある日、米屋の長坂さんが「米、種だから」と言った。あ、私たち、種、食べてたのか！　玄米がいいとか、コシヒカリがいいとか言ってるけれど、ひまわりの種やアーモンドと同じように、米は種だ。

初めて種もみから稲を育てるという実験にチャレンジした時、種もみを指で剥いてみると、中から出てくるのは、玄米。コレ、本当に種だ。そのように考えたことがなかったけれど、よく見れば米はしっかりと種らしい形をしている。

　2013年の春、アートロのメンバー全員にいろいろな品種の種もみを配った。夕やけもち・沖縄赤もち・タイ米・もち米・愛国・亀の尾・宮崎観・赤もち40号・長粒白穂米・竹成・緑大黒・朝紫・関取米・金太もち…これらの種もみは、藤枝市に住むコメ農家・松下明弘さんの数あるコレクションを分けてもらったものだ。一人3種類ずつ持って帰り、6月の田植えまでに苗に

いろいろな種類の米が　写真提供：登呂会議

育て来ることが宿題になった。どの種類がどんな味かは分からないので、みんなそれぞれ名前で選んで持ち帰った。ちなみに育て方は教えない。アートロでは、それぞれ自分の頭で考えてやってみることが大事だからだ。

というわけで、それぞれが知恵を絞り、それぞれの方法で種もみから稲を育て始めた。私は種が芽を出すには、土の中のように、暗くてあったかい方がいいのではないかと考えた。脱脂綿に浸して段ボールに入れ、日当たりの良いところに置いたり、土に直播したり、いろいろ実験してみた。直播して日向に置いたら、スズメが来てほじって食べられちゃったり、ダンボールの暗闇で出た目を土に移植して外に出したら、青白かった芽が太陽の光で急に濃い緑になったり、朝露をつける小さな子葉がかわいらしくてうっとりしたり。とにかく、育てることはとても楽しい。あるメンバーは、小さな娘さんが苗の頭をちぎってしまったが、その苗は他の苗より太くしっかりした、と話してくれた。実は育苗の現場でも苗が伸びてくると、先端部を刈ってしまうのだという。そうすることで苗が身の危険を感じてより強くなろうとするからだ。偶然の出来事を素通りせず、こんな気付きができるのは、常に観察する側の視点なんだと思う。何事も過保護になりすぎは良くないね、なんて、子育てにつなげて見る人もいたりして、みんなそれぞれに感じるところがあったみたい。

そして、それぞれのやり方で種もみから育てた稲は、みんな同じアートロの田んぼに田植えされ、稲の色も背の高さもにぎやかな多品種の田んぼになった。

一粒万倍って、ほんとうか?

その年の8月、私は富士宮市で、田んぼが続く道を車で走っていた。それまでは田んぼをじっと観ることなんて、そうなかったけれど、自分が稲を育て始めたら急に人の田んぼが気になって、車を停めた。アートロでは実験という意識もあって、一粒の種(米)から何粒の米が採れるかを数えやすいように、一ヵ所に一苗ずつ植えたが、人んちの田んぼを見てびっくり。これはいったい、一ヵ所に何本の苗を束ねて植えたんだろう? ガッチリした根元からシュッとした緑の葉が少なくとも20本は出ている。「え? 私たちの植えたあのひょろっちい、一粒分の苗ってどうなの?」とショックを受けて、長坂さんに電話をした。

「今、人んちの田んぼの苗を見てびっくりしてるんですけど。フッーは一ヵ所に、何本の苗を植えるの？」

「2～3本ですよ」

「え？　だって、これ10本は植えたようにみえる」

「分《ぶん》けつっていって、株が増えるだよ」

…はぁ、そうなんだ…なんにも知らないなぁ、私。

そして9月も終わりに近づいた頃、私たちの一粒の小さな種（米）から育てた稲も、ちゃんと分けつしまくっていた。一粒万倍というけれど、それを支える根っこのかっこ良さよ。2000年前は、一ヵ所にいくつ苗を植えていたんだろう？　今みたいに、きちっと等間隔で植えてたのかな？　どんな風景だったんだろう？


初めての稲刈りは、現代のやり方のように根元から刈るのではなく、出土品の道具を模した石包丁で、穂の部分だけを摘み取る〝穂刈り〟という方法で稲刈りすることになった。田んぼに分け入って稲穂を観察してみると、実にいろんな稲があることに気付く。同じ日に植えた同じ品種の苗でも場所によってまだ穂が緑のもの、根元が青いもの、同じ株でも背の低いとこは青かったり、高いとこは黄金色だったりと、まさに千差万別。2000年前、登呂ムラに住んでいたとされる70人程度の人たちがその時食べる分だけ、その都度、穂刈りしていたかもしれないなぁ、と想像する。

で、さて。穂刈り…ん？　どうやって⁇　どこから刈るのこれ⁈　私だけでは見当もつかず、またしても長坂さんに田んぼの真ん中から携帯で電話する。

「どれが何なのか、ぜんぜんわかんない」

「1つ取って、剥いてみりゃいいじゃん。白濁してたら、もち米でしょ」

なるほど…言われてほんの10粒ほど、もみを取っただけで爪が割れた。

「もみが付いている枝状のところが青いのは、まだ取っちゃダメ。若すぎる。でも穂の下の方に青みが少し残ってるのは、意外とちょうどよくて、ぜんぶ黄色くなってたら、遅いかも」

「はぁ」

そこで、よくよく稲を見てみると、米からひげのように生えている〝のぎ〟がない穂がある。これは他とちょっと違うから、もしや静岡のもち米金太もちか？と思いきや、中の米はふつうに透明な色。また長坂さんコール。

「もしもし？　のぎがない稲があるんだけど」

「そりゃ、坊主っていうの。もともと稲にはのぎが付いていたんだけど、ある時、のぎのない突然変異を見つけた人がいてね。今、食べてる稲の品種にのぎがないのは、この坊主の遺伝子を引き継いでいるの。のぎがないのは、貯蔵や運搬に体積を取らないから都合いいしね」

ふ〜ん、なるほどぉ。と考えながら穂刈りをしていると、もみが一粒ぽろっと落ちるだけで「落とすなよ〜‼　もったいない‼」…田んぼのあちこちで〝もったいないオバケ〟が出始めた。ご飯粒を残すとバチがあたると教えられて育ったけれど、こうやって自分で米を収穫し、自分でついて玄米にするとなると、ホント、1粒もこぼしたくない。米は、年に一度しか穫れないんだもの。

私たちに種もみを分けてくれた米農家の松下さんは、巨大な胚芽をもつ突然変異の品種カミアカリを見つけた人だ。広大な田んぼの中で「みんなが右手上げてるのにあいつ（あの稲）だけ左手上げてる！って感じで、すぐ分かったんだよね」とカミアカリを発見した時のことを振り返った。

米は、種を落とさないでしょう？　イネ科の植物はふつうは種を落とすのに。たった一つだけ穂が落ちない突然変異の稲を見逃さなかった人間がいて、そこから稲作は始まったのだという。さらには、草丈が低くて刈りやすい稲を選んで残して、選んだものを中心に育ててきた。「銀坊主」は、「愛国」という品種を育てていた富山のコメ農家石黒さんが、化学肥料のやりすぎで稲が倒れてしまったのに、たった一つだけ倒れない稲を増やしたのが始まりだそう。

一粒の種（米）から稲穂が何本もできるならば、ねずみ算式に米は増える。こりゃあもっと作ろう！となる。種は子孫を増やしたいから、知恵を絞ってたくさんの実をつけようとする。それをうまく利用してきたのが、人間だ。

考えてみたら人間だって種のようなものだ。子孫を残したいし、生き残りたい。だから生きるために食べる。年に1回しか穫れない大切な食物だからこそ、一粒からたくさん種（実）をつけて、害虫にも強く、保存しやすいものを選んで作りたい。人間が米を効率良く、たくさん作りたいと考えるのは当然のことなのだ。

のぎがいっぱい、ヒゲヒゲの稲穂

突然変異でのぎがない「坊主」

写真提供：登呂会議

穂刈りをしていたら、あちこちチクチクしてきた。稲には珪酸というガラスと同じ成分が含まれているからだそう。かつての稲オタクたちが突然変異を拾ってきたことで、新たな品種が生まれ、現代へつながっているわけね。米をついて、玄米にするのはタイヘンなこと。ほんと、この苦労を考えたら、一粒も無駄にできない。

毎年、アートロでは、一粒の種もみから一体いくつの米粒を実らせたかを数えている。(これけっこうな苦行なんです)。特に条件を設定してデータを取っているわけではないし、田んぼの位置や水の量、稲の種類もまちまちだけど、それでもなんとなくの目安として、一粒の種(米)からはだいたい1500粒採れるということが分かってきた。ご飯茶碗1杯の米で3000粒くらいなんだっていうから、米2粒からご飯1杯が採れる計算だ。もちろん、アートロでは田んぼ全体で5~7kgしか穫れないので、自分たちで食べる分もままならないのだが、毎年いろんな品種の米粒の色を見て「美しい~」と感動している。

そして毎年、収穫した美しい米をみんなで煮炊きして食べるたびに「ごはんを皆で作って食べるのは美味しい!」と思う。そこに言葉はいらない。「同じ釜の飯を食う」という言葉はいつ頃できた言いまわしなんだろうか。米ができるまでの仕事は、一人ではできないことばかり。力のある人、片付ける人、子どもの面倒を見る人、ご飯を作る人、みんなにそれぞれ役割がある。穂刈りは、時間がかかる。そして、自分たちで脱穀してもみ摺りして食べられるようになるまでにも、ものすごい時間と労力がかかっている。いったいいつになったら、ご飯が食べられるのか？　そんなことを思いながら仕事する。

２０００年前の暮らしでは、食べることは生きることに直結していた。考えてもの作りをやるようになり、豊作でなかったらどうするか？　他のものも育てておこうとか、他のものと交換しようかとか、そんな風にして段々と今の世の中の仕組みができていった。来年の糧をどうするかを考え始めて、人間は計画ってもんを始めたんだ。

無関心農法?!

「稲は、ほっといても育つ」と高を括っていた。というのも種もみから苗を育て、田植えをした後は、ほとんど草取りもしないのに毎年稲は実るし、収穫祭で美味しく楽しく米が食べられるから。「無関心農法です！」なんてすっかり調子に乗っていた。台風のあとも、アートロの田んぼだけ、稲はすっくと立っていたし、直播《じかま》きを試した時は、もうどれが稲だか草だか分からない状態だったけど、10月の収穫時期が近づくと、自然に草は枯れて、稲だけが立って残るということもあった。稲は強いなぁと思うと同時に、家庭菜園をやっている人も多いし、野菜同様、米だって作れるじゃん！と甘く見ていた。ところがどっこい。

2017年になって、突如、問題が発生した。例年より少し遅れ、6月も半ばを過ぎて田植えを終えたこの年。一週間後に田んぼを訪れると、植えたはずの苗がほとんどない。水田だったはずのそこには、プールのような水たまりが残っているだけ…「え？ なになに⁈ どういうこと⁇」…犯人はなんとジャンボタニシ。柔らかい苗をぜーんぶ食べてしまったのだ。それまでもジャンボタニシは田んぼにいたんだけれど、雑草を食べてくれるいいヤツなんだと聞いていたから、よその国からきた外来種だけど、ピンクの卵も気持ち悪いけど、あまり気にしていなかった。

3枚ある田んぼを調べてみると、水が深いところが全面的にやられている。登呂博物館の担当者に聞くと、トラクターが田おこしをした市民水田はそれほどでもなく、木の鍬《くわ》で田おこしをした私たちアートロの田んぼと、静岡大学が借りている田んぼはとりわけ被害が大きいことが分かった。ジャンボタニシは、冬の間も土の中に身を潜めている。トラクターが入ると粉砕されてしまうが、木の鍬では及ばず、このチャンスに食らいついて活躍したらしい。そういえば、稲の名前を書いておく立札代わりの竹の杭に、いっぱい卵が付いてたっけ。深水が彼らにとって好条件なことも拍車をかけた。なるほど水が浅かった2枚の田んぼは被害が少ない。ジャンボタニシは育った苗は食べないという。稲作をやっている人に聞くと、「田植えしてすぐは、わざと浅水にするの。苗が育ったら、深水にするとジャンボタニシが雑草を食べてくれるから、草取りいらないよ」と教えてくれた。

プールと化した田んぼには、松下さんからいただいた苗を補充。なんとか田んぼの体を整えて、迎えた秋。いつまでたっても穂が出てこなくて、予定より遅く収穫することになった。さらにそこへ二度の台風上陸で、延期して、延期してさて今日だという日は平日の水曜日。アートロメンバーの多くは働いているので、収穫作業ができるのは限られた人数になってしまう。見よう見まねのハザかけも、ハザ脚を地面に刺さなかったので、「倒れてますよ〜」と博物館から連絡が来た。そうね、専業農家じゃないんだから。こちらの都合がいい日曜に、予定どおりにコトが進むわけないじゃんね、と思った時、私たちは食べるために育ててはいないんだな、という事実が胸に刺さった。

当たり前のことだけど、次の一年を食べていく＝生きていくために稲を育てるとしたら、無関心ではいられないや。２０００年前の登呂ムラも自然相手は同じだったはず。私たちと違って、１年分の米を獲らなければ命に係わる。であれば、毎日目の前の田んぼの様子を見ていたはずだ。私は車で30分かけて、田んぼを見に行く。田んぼが、遠い。

もみ摺り地獄

アートロを始めて種もみから育て、米を土器で煮炊きして食べてきた5年目。「よく考えたら、この作業の途中にはブラックボックスがある」とメンバーの一人が言い出した。収穫したとき、稲穂にわっさわっさと実っているもみは、みんなで食べる収穫祭には殻から外され、キラキラしたきれいな色の米となり、一晩水につけて準備されている。私たちはそれを台付甕形土器で煮炊きをして、美味しい！と喜んでいたが、彼は、収穫してから食べられるようにする過程が全く見えていないというのだ。米粒を数えるために、もみを一粒ずつに外したことはある。収穫祭のときに博物館から杵と臼を借りて米を搗《つ》く真似事もしたことがある。杵と臼で搗いた米を箕《み》でもみ殻やらゴミを飛ばすのも体験程度にはやった。でもそれはすべて形だけ。ただの「体験」てやつで、準備のすべては専門職の長坂さんと松下さんに任せきりだったのだ。

そこで、長坂さんが松下さんから借りて来た千歯扱きで、種もみだけを外す脱粒作業をやってみることにした。選別も自分たちでやってみたけれど、長坂さんのように上手く箕を振ることができないから、大雑把になってしまう。脱穀と選別だけで、大汗を掻いて4時間ほどかかった。すぐ横の田んぼでは、同じように登呂遺跡公園で稲を育てていた2人組の女性が博物館の職員さんの指導の下で機械を使い、約1時間ほどでもみ摺りまでして持ち帰って行った。私たちは収量にして7・4kgになった種もみを、めいめい小分けして持ち帰り、機械を使わずにもみ摺りすることにした。

食べられる状態まで、まだ長ーい道のり。

自宅に帰ると、初めてのもみ摺りを仲間と二人でやってみた。一升瓶に米を入れて棒で突っつくイメージがあったが、やり方が分からないので、インターネットで検索する。すると、すり鉢と軟式ボールでやると良い、と書いてある。軟式ボールはないので、そこら辺に転がっていた石の球を使い、すり鉢に種もみを入れてゴリゴリゴリゴリ。

「あんまりもみが多いとすり鉢に接触しないから良くないってネットに、書いてあるよ」

…ゴリゴリゴリ。…ゴリゴリゴリゴリ。

「なんか、殻は取れてきたけど、どうやって米と分ける?」

自宅に、米ともみ殻を選り分ける箕はないし、ざるそば用のざるに乗せて振ってみても、もみ殻は飛んでいかない。息で吹いて飛ばそうとしたら、実が入ってるのも飛んでいく。

…ゴーリゴリゴーリゴリ。

「水に入れれば、殻だけ浮くんじゃない?」

「え? そうしたら今日、食べなきゃ!じゃん」

「弥生の人はさ、その日、必要な分だけ搗いて、そのまま調理したんじゃない??」

「あ、ネットで、扇風機使ってる人がいる!」

「そうだ、うちわ使ってみようか?」

パタパタパタパタパタ!お、調子がいい。ゴリゴリパタパタパタ、ゴリゴリパタパタパタを3回繰り返し、玄米になるまで約1時間…。食べられるようにできた玄米は、¼カップ。二人とも、

「もう、やりたくない」

「これ一人じゃ、ぜったいムリ」

なんでだろう？　喋りながら、テレビ見ながらの〝ながら作業〟なら、できるかもしれない。

「じゃんけんに負けた方がやるか、やった人はみんなより多く食べれるとかじゃないと、ムリじゃない？」この日、私たちはもみ摺り作業の前に、藁で縄を綯《な》った。細く長く紐が作れるようになって、縄を綯うのはとても楽しかったのに、なぜ、もみ摺りはこんなにやりたくないんだろう？　作るのは、好き。加工は嫌い？

「単純作業で、ただタイヘンで嫌だから、機械にやってもらおう！って思ったのかな？」

「こういうのこそ、機械化！」

「今はなんでも機械でできるよ。ＡＩもいるし」

「じゃ、人間にしかできないことって、何⁇」

「笑わせることじゃないの⁇」

「楽しむこと、とか⁇」

これまでも、自分たちは杵と臼で米を搗いているつもりだった。2人で米を搗いていると杵が臼の底をコンコンとつく音が心地よく、アフリカの音楽みたいで、単純作業にはリズムがあることがわかってくる。そのうち自然と息も合い、身体もいい調子に乗ってきて、音楽の始まりってこういうところから生まれてきたんじゃない?なんて思っていた。でも、この杵と臼が、もみを外す作業をラクにする道具だと分かっていなくて、ただもう、やたらめったら種もみを叩いてた。だから、米、割れちゃってたんだな。

摺るんだね、ずりっと。臼の底を杵で擦るような心持ちでやればいい。

料理が好きだし、ご飯は家で作ってます！と自負していたけれど、精米して食べるだけにしてもらっていた。時短のために、無洗米もある。私は時短で稼いだぶん、何に時間を使ってるんだろう?　ふと、そんな疑問が湧く。

ゴハンを食べる

台付甕形土器で、初めて煮炊きをした時、おかゆのようではなく、いま私たちが食べる炊飯器で炊くご飯と同じように蟹の穴ができるような硬さに炊いた。自分が種もみから育てた米を屋外で調理して食べるのだから、美味しく感じるに決まっているのだけれど、そういうプラス要素を抜きにしても、美味しい。

ところが、食後の片付けにつまずく。炊飯器で炊いたお米が釜にこびりつくのと違って、土器の内側にこびりついた米は取れない、取れない。一晩、水につけて、やっと取れる始末……いや、これは大変すぎる。蛇口をひねれば水が出てくるわけではない時代、まさか安倍川まで水汲みに行ったのかな？　いやいや、田んぼに水を引いていたのだから、シャシャッと水路で洗っていたのかもしれない。それなら、田んぼに流れ込んでも栄養にはなるものの、悪いことは何もない。とはいえ、このこびりつきには閉口した。これを毎日なんとかしていたとは到底思えない。で、思いついたのが、もしかしたら、彼らは静岡名物、「しぞーかおでん」のごとく、スープに具を足す形の食事をしていたんじゃないかってこと。米を食べるようになる前から土器で煮炊きをしていたのだから、栗や栃の実などの木の実や山菜、海から採れたあさりが入ったスープに米を足す感じではなかったか？

〝ラクをしたい〟は、とても人間らしい姿だ。ラクしたいから、ただ具を足していくというのは、さもありなんではないだろうか。いつだったか、学生に、庭で採れたレタスと卵一個で作るオムレツを乗せたオープンサンドを作って、「ほら、時間もお金もかけなくても、美味しいでしょ？」と食べさせたら「美味しいけど、作ったら片付けしないといけないんですよね？」と言われた。〝ラクをしたい〟は、人間が創造力を発揮する原動力であったはずだけど、いつのまにか、人間から創造力を奪うところまで行き着いてしまった気がしないでもない…。ラクだから、調理されているものを買う。24時間営業のコンビニで、好きな時間に買う。家で温めるのがめんどくさいから、温めて帰る…孤食が問題になっているけれど、一人で困らずに食べていける仕組みがいつのまにかできて、人と対話しなくても済むようになった…。でも、そんなの、本当に「ひとり」で生きてることになるんだろうか？

登呂の住居跡では、各家に必ず、炉が一つある。毎日、火を焚いてご飯を作る。初めて土器で煮炊きをして米を食べた時、私たちは土器から紙皿へ～紙皿から碗型の土器へ個別

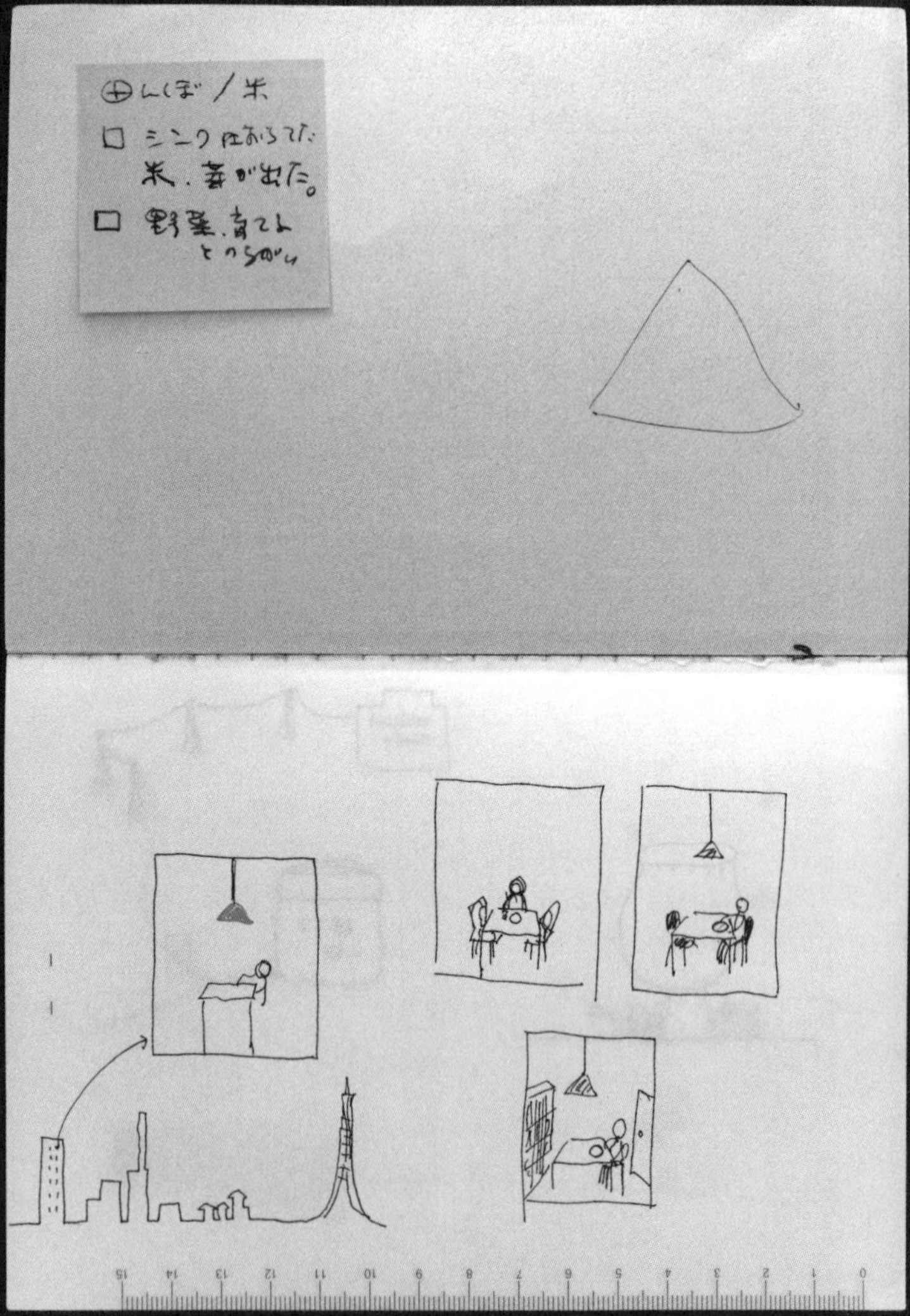
田んぼ／米
米、芽がでた。
野菜、育てる
とのちがい

に分け、それを葉っぱのスプーンで食べた。なんてややこしいプロセスなんだろう？　大皿から個別の器へ。ラクをしたい私たちによるこの儀式はいったい何なのか？　もし、私が弥生時代に生きていたら、木杓を台付甕形土器に突っ込んで、フゥフゥしながら食べたに違いない。

争いが起きた

田んぼは、平らに見えても少し勾配がある。水は上から下へと流れるものだから、水を入れる口があって、次の田んぼへ流れていく出口があり、見た目に分からないほどでも、水は少し動いている。

1年目はトラクターで仕立ててもらった田んぼに自分たちで育てた苗を植えた。ドロドロの田んぼに足を取られて、田んぼの中で動き回る米農家の講師がカッコよく見えた。2年目は木製の鍬で田んぼを平らに、しかも水口から下の方へ緩やかな勾配をつけるのに苦労した。最後は現代の道具「鉄の鋤」を使って、なんとかやり遂げた。この時は、長靴を脱ぎ捨てて作業する人もいた。

　そして迎えた3年目の話。とうとう土木工事からやってみることになった。畦はあれど、これまで田んぼとして使われたことがない草ボーボーの土地をあえて博物館から借りた。焼畑ならぬ焼田のついでに土器も焼けば、田んぼの肥料にもなるし消毒になるから、と春に焼田をし、水が入った田んぼに、それぞれが育てた苗を持って集合。2013・2014年の講座に参加したOBメンバーに、2015年の新しいメンバーが加わり、水が入ってくる水上に新しい参加者チーム、その水が流れていく水下の田んぼはOBチームが陣取って、チームごとに苗を植えることになった。春に焼田をしていたものの、水の入った田んぼの底はボコボコで固い。これまで毎年、田んぼとして使われていたところと違って、平らにする前に土を柔らかくする必要がある。牛に道具を引かせるわけにもいかないので、田んぼの中を歩き回って土を柔らかくしようとした。楽しく肩を組んでワイワイ歩いてるうちに全員長靴を脱ぎ捨てていた。鉄の道具（鍬とか）も使って、なんとか田んぼを平らにしたところ、下の方にあるOBの田んぼは土が少なくて深水になり、育ててきた苗が溺れてしまうことが分かった。そこで、OBが水の入口を堰き止めると、今度は水上の田んぼには水が入ってくるだけで、水が下へ流れていく出口をふさがれてしまい、深水になってしまう。水の入口を堰きとめたい下のOBチームと、水を下に流したい水上の新人チーム。ここで、仲良くやってきたメンバーの間で水についての言い争いが勃発。お互いの利権を奪い合う争いだ。やや、こんなことは予期していなかったけれど、まさにこれは社会の始まりでは?!

土地に付随して、そこに従事する人=労働力もあっちとこっちに分かれ始めていた。

この土地、誰のもの?

←

私、こっちの労働力

←

効率よく、作業しよう

←

リーダーが必要だ!

←

水争いが起きた。みんなの目が怒ってる
写真提供：登呂会議

役割分担を決めよう。
↓
ひぇ～、土地だけでなく、労働力も所有されていく…。

その土地、地球のものだけどね!!

著作権て、ケチ?

2017年秋、アートロの田んぼで5回目の稲刈りをした。この頃には稲わらも道具作りに使うため、自分たちで根元から刈ってハザかけするようになっていた。ハザかけするのに、稲を何株かまとめて根元を束ねるのだが、これがなかなか上手くできない。映像で見せてもらったのを思い出しながらやってもムズカシイ。

ハザかけの上手いメンバーが「捻るんですョォ!」とバトントワラーみたいにくるりと稲を回して一つに束ねて見せてくれた。来年は、シュシュっと手早く束ねられるようになりたい。その彼が「ハザかけは、できあがった束を6対4で竿にかけると良いと聞きましたよ！」というので、その通りにやってみたら、半々でかけるより美しいし、バランス良く、倒れにくい。でも8対2でやるという人もいて、それぞれ、ちゃんと美学があるのね。

その年、収穫前に一度ミーティングをした時「種は、誰のもの？」という話になった。「会費を払っている参加メンバーみんなに権利がある。もらった人がどうしようがそれは、その人の自由。保管の仕方もそれぞれに任せて一点集中保管はやめよう」。「自分たちで、4年間つないできた種だから、そこは大事にしたい」。いろんな意見が出た。

弥生時代の登呂ムラの人は、どうしてたんだろ？

「それぞれ保管したとして、田んぼもそれぞれやったんですかね？ ムラ全体で収穫したんですかね？」と、いう問いに、稲森さんが、「実は各住居に1棟ずつ、倉庫を持っていたんじゃないか？という説もあるんですよ」と言う。

ほほぉ、みんなでやる方が良いと集落を作り、一緒に稲作を始めたけれど、やっぱりそれぞれのやり方があって、個に戻っていくのかぁ。

2000年前、稲の育て方や保管の仕方に個性が出てきた時、より良い方法を見つけた人はみんなにその技術を教えたんだろうか？　やっぱり、最初に考えた人を尊重するということが起きたのだろうか？　そのうち、ただじゃ教えられないから、アイデアという見えないものに価値がついたんだろうか？　のぎがない銀坊主を発見した石黒さんは、１本だけ倒れなかったその稲を増やして、近所の人に配ったという。肥料のやりすぎで多くの稲が倒れた中で生き残った銀坊主は、そもそも化成肥料が多いことに慣れていて病気に強く、品種の交配にも親として活躍して、朝鮮半島にも渡ったそうだ。石黒さんに見えていたのは、近所の人の困った顔だ。近隣農家に強い品種を分けて共有した。多くの場合、「守らないと、勝てない」と戦う相手は、顔の見えないよその国の人。

私、著作権ってケチだと思う。モノゴトの可能性を潰してるように感じる。いくらでもアイデアは出せてきたじゃん、ニンゲン。

私はイギリスで陶芸を勉強したが、イギリスの陶芸作家はどんどん自分の釉薬のレシピを公開する。誰かが真似したところで、何に使うか、どう使うかで、全然違うものになる。他の人がもっと上手く使えたり、それを元に新しい釉薬が生まれるなら、その方が良いと考えるから。そのイギリスで学んだせいか、私は人に聞かれれば、釉薬のレシピを教える。

カナダ人の陶芸家ロバート・フローズ氏や、デンマークで修行した陶芸家、故・中野和馬氏とは釉薬のレシピを交換していた。でも、とある日本の窯元を訪ねた時に、「この釉薬なんですか？」と聞いたら、「何言ってんですか、これは門外不出です。この家の者にしか教えません」と怒られた。そんなこと言ってるから、残せないんじゃない？真似なんかできない。自分とは違うものが生まれるんだから、堂々と教えたらいいのに。

思い出したのは、静岡の桜エビ漁のこと。

サクラエビは駿河湾でしか獲れないし、漁期はたった5カ月。水揚げ量は、その晩、漁に出た船の数で均等割。どの船がたくさん獲ったとかじゃないと聞いて、それいいなぁと思ったっけ。

さて、これからどうしていくんだろう？

社会実験のアートロです。

Kajita Iron Blue
WAXY
157-F copper 1.5 outside 4
B-1
C-2
A-2
A-3
A-5
A-1
A-6
C-1
157B

2017年2月19日(日)　登呂博物館

「登呂で、オレらは考えた。」展

公開トーク『登呂キッチン』鼎談収録

藤原辰史、長坂潔曉、本原令子

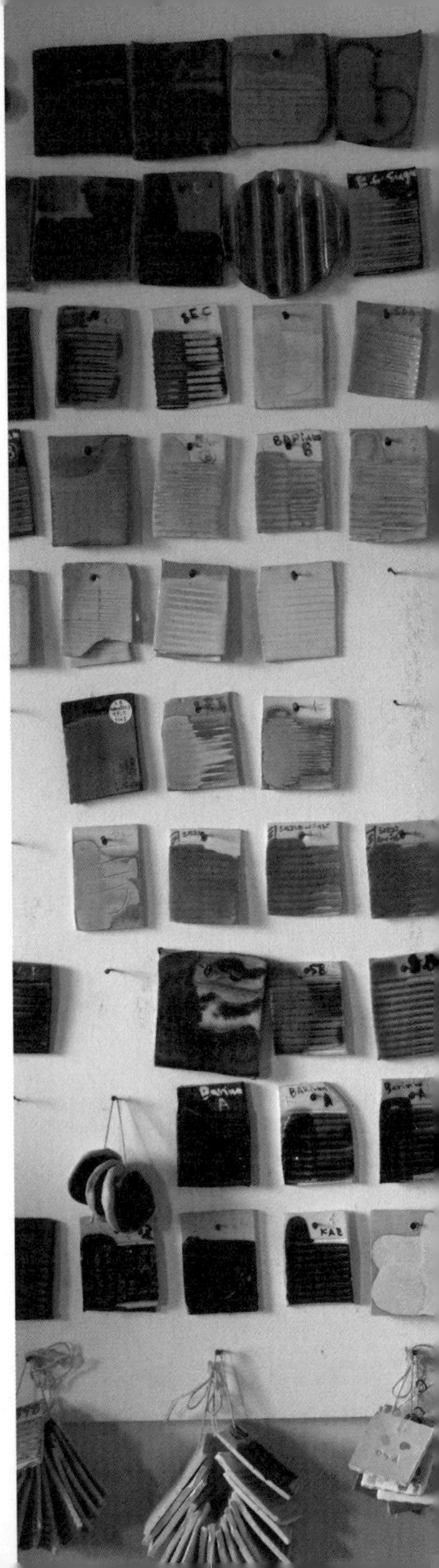

藤原辰史（ふじはら・たつし）

1976年生まれ、島根県横田町（現奥出雲町）出身。'99年、京都大学総合人間学部卒業。現在、京都大学人文科学研究所准教授。専門は、農業技術史、食の思想史、環境史、ドイツ現代史。著書に『ナチスのキッチン』『食べること考えること』『カブラの冬』など。

長坂潔曉（ながさか・きよあき）

1963年生まれ静岡市出身、アンコメ安東米店四代目店主、五つ星お米マイスター。'88年武蔵野美術大学卒業、'90年、家業の安東米店に入店。田んぼからお茶碗までをテーマに、栽培から炊飯まで関わる米屋として活動中。

２０１７年2月。これまでアートロでやってきた活動の展示「登呂で、オレらは考えた。」展の開催に合わせて、京都大学の藤原辰史さんをお招きして、安東米店の長坂さんと3人での公開トークを企画しました。藤原さんとのお話は、私たちが体当たりでやってきたことが、しっかりと言葉に置き換わっていく時間でもありました。

弥生時代と食べること

本原令子（以下、本原）　土さえあればそこから食べる物が作れるし、土さえあればそこから土器が作れて煮炊きができる。そうすれば、何もなくなっても生きていけるはずという発想からスタート、一つひとつ実行することで生きる力もつくのではないかと、アートロのプロジェクトを発足させました。お米屋さんで、米と稲作に関わることを独学で研究されている長坂さんに声をかけ、土と、生きること諸々にまつわる講座を続けています。

そんな私と、京都大学で教鞭をとりながら著作活動をしている藤原さんの出会いについて、簡単にお話しします。

私は、アートロとは別に「下水の道を辿る」という、「食べる」と「出す」をテーマにしたプロジェクトをやっています。どんなものかといいますと、人間は誰でも何かを食べて、生きています。そして、食べれば排泄します。「食べる」と「排泄する」循環を考えるのが、このプロジェクトです。「オーガニックのものしか口にしません」という人も「ハンバーガー大好き」な人も、「口に入れば何でも」という人も、とにかく食べれば、出る。そして、排泄物は下水管一本で、誰のだっていっしょくたになって下水処理場に行き、海に出ていく。結局は、全部つながっちゃってるよね、という。で、ある時、京都大学の先生から「あなたと似たようなことを言う人がいるから会ってみたら?」とご紹介いただいてお会いしたのが、藤原さんというわけです。お尻の話がご縁で(笑)

藤原辰史(以下、藤原) ハイ、お尻友だちです。(会場笑)

本原 お尻友だちとして出会い、私がこのプロジェクトの話をしたら、藤原さんは何と仰ったんでしたっけ?

藤原 人間は「食べ物の通過点」だと。

本原　人間は「所詮チューブだ」って仰ったんですよね。この「チューブ」の話から発展して、藤原先生とは、その後も何度か場を変えて「食べること」について話をしてきました。今日は、農業史のご専門でいながら「食べること」そのものについても思考されてきた藤原さんと一緒に、私たちの実践と弥生時代の台所についてお話したいと思って来ていただいています。

土はなにからできている?

長坂潔曉（以下、長坂）　僕は米屋で、稲を生産する側の立場で商いをしているものですから、僕には「良い土」というのはこうあるべきという考えがあるんです。一方で、陶芸家として日頃から土に馴染みがある本原さんですが、「良い土」の話になると、互いにどうも一致しない。ヘンだなと思っていたら、彼女が考える「良い土」と僕が考える「良い土」がぜんぜん違っていまして。どういうことかというと、僕にとっての「良い土」とは、動物の死骸や植物の風化したもの等の栄養がたっぷりの状態、有機物がたくさんある豊かな土のこと。ところが本原さんの「良い土」っていうのは、どうやら無機化した粘土質の状態の土のことをいうんですね。お互いに「良い土、良い土」と口にしているんですけど、「良い土」の定義が全く違っていた。（写真をみせる）※1

本原 登呂の田んぼの土を丸めて3ヵ月放っておいたら、饅頭の餡みたいに、真ん中に色の違う層ができていました。餡のように見える灰色の部分には空気の嫌いな菌が棲んでいて、外側の茶色いところには空気の好きな菌が棲んでいます。鉄は酸化すると茶色くなり、還元すると青くなるんですが、この土団子の二層構造を見ると、そのことがよく分かります。つまり、この真ん中の餡の部分は空気がない（＝真空状態）ために、鉄分が還元されて、このような青みがかった灰色になっているわけですね。でも何も棲んでいないわけではなくて、実際には無数の菌がいる。これは藤原さんの「分解の哲学」につながりましたね。

藤原 「分解の哲学」というのは、僕が『現代思想』という雑誌に連載している論文のことですね。仰る通り、微生物がいないと私たちは生きていけません。微生物たちの本当に土中での働きのことを生態学では分解者と呼びますけれども、分解者たちの本当に涙ぐましいまでの、土の下の世界について、とても共鳴しながら今のお話を聞きました。

※1　P.61 写真参照

長坂 土の表層部には、空気を好む分解者がいるんですよね。一般にそれを好気性菌と呼ぶんだけれど、土の深い部分には空気の苦手な分解者がいる。それが嫌気性菌。落葉樹の森を観察するとわかるんですが、土の表層部で降り積もった枯れ葉を好気性菌たちが少しづつ分解し、下へ行くほど葉がシナシナになっている。さらに深い部分では、葉脈がわずかに残るだけで、それ以外はグジュグジュになっている。30㎝も掘れば、完全な嫌気性菌たちの世界。葉の姿形もなくサラサラの無機物になっている。よく遺跡の発掘調査などで古い木簡とかがそのままの状態で出てくるでしょう?密閉された土中では、嫌気性菌たちは生の有機物は分解できないんですよ。

本原 登呂の田んぼには、ミミズがいっぱいいて、私はそれまで、そのミミズたちが土を分解してくれてるとばかり思ってました。藤原さんの「分解の哲学」を読んだら、ミミズが消化できないままウンコとして出したものを、別の生物が食べて、また消化できないものを出す。そして空気の好きな菌がそれを食べて、消化できないものを出して……って。さらに進むと今度は空気が嫌いな菌がそれを食べて出して、食べて出してって、どんどんつながっていくということが分かりまして。

藤原 食べられる側からすれば、僕たち人間の体だって通過点にすぎないんですが、それが分解者まで辿り着くと、食べることのネットワークが次々につながっていくという世界なんですね。

本原 そう。「食べて出す、食べて出すというのはただ美しい欲求のもとにある」というようなことを藤原さんが書かれていて、「美しい」という言葉を使ってるのが印象深く、本当にそうだなと腑に落ちました。

藤原 その連携プレイが美しいんですよね。

本原 そうです。美しい。

アートロの社会実験

本原 この写真[※2]は収穫した米を炊いているところです。毎年、チームで煮炊きしているんですが、それぞれみんな違う味になります。同じ米を炊いているのに違っていて、それぞれ自分のところのが一番美味しいと思ってる。

長坂 厳密には「炊いて」はいないです。炊飯研究をしている立場から定義すると、炊くとは、煮る、焼く、蒸すの複合加熱調理技術のことを指します。台付甕形土器には蓋がなかったとされているため、蒸す調理は行われなかった。つまり、この段階では「炊く」ではなかったと考えています。細かくてすみません。(笑)

本原 あ、炊いてない、「煮炊き」ですね。登呂で出土している台付甕形土器には、大体3種類ぐらいの大きさがあります。昨年、2つのチームにそれぞれ大きいの2つと小さいの1つ、計3つの土器を渡したら、両方のグループがこの写真のようにひとつの火に土器を3つ並べて煮ていました。燃料がもったいないからと。

藤原 誰かの指示ではなく、自然に両方ともそうなったということですか?

本原 はい、自然にそうなっていましたね。そのうちみんな「棒に魚を串刺しして、炉端に立てて焼けばいい」なんて言い出して。あ、これは、三口ガスコンロの原型だ!と思ったんです。

藤原 なるほど。アートロってまさに社会実験なんですね。

本原 ここで、発想としてエネルギーの効率化ということが起きるんだなということがすごく面白かったです。これは、子どもを対象にすると、まったく起きない現象ですね。子どもって、家では出された物を食べてるから、火がボンボン燃えてる所ではしゃぐことはあっても、火がもったいないという意識はまったく生まれないんだな、と思いました。

長坂 だいたい子どもって火の燃やし方がハンパじゃない（笑）。大人だと節約しちゃうもんね。

本原 こういう「もったいない」なんて発想は、実際に暮らしを運営している人からしか出ないものなんでしょうね。

長坂 ちなみに、アートロを始めた頃は、火も準備した薪を使って燃やしていたんですが、

※2　ひとつの火に土器を３つ並べて煮る

※3　ひとり、箒を作る人

途中から芝刈りのようになって、今では登呂遺跡公園内に落ちている枝とかで十分だってことになっています。

本原 アートロも数年目になってある時、私たち、疑問に思ったことがあって。収穫の時は、稲を下から刈ったりせず、石で穂刈りするという昔風のやり方をしているのに、刈った穂を入れるのはビニール袋（笑）。「これはおかしくないか？」という話になって、「自給自足はやっぱり道具からなんじゃないの？」ということで、竹室と藁室と鹿室という、メンバーの興味によって小さなプロジェクトが立ち上がって、自分たちで道具を作ろうということになったんです。

藤原 道具の作成っていうのは分業の始まりですよね。

本原 これは収穫した後にこういうことをする人がいる、という写真[※3]です。米を杵と臼で脱穀して食べるために、みんなもみ殻を取り分けているんですけど、このメンバーは、一人でせっせと箒を作っていました。勝手に道具を作り始めている。こういう風に自然に道具を作り出した人もいるんです。

私たちが何年か活動してみて気づいたこととして、土と米、稲を巡る生活というのは苗を植えてから収穫まで、およそ半年だってこと。じゃあ、稲の仕事がない時、冬は何してたんだとか、雨の日は何してたんだとか、そういうことを考えるようになって、それと同時にみんな道具に興味を持つようになっていきました。

キッチンはどこへ行く？

本原　この写真は、今朝の我が家のキッチンです。私は毎朝リンゴとニンジンのジュースを飲みます。それで、毎朝これを洗う時、この部品の多さに自分でもバカじゃないの？と思うんですよね。これだけの部品を使って一杯のジュースを作る。「何やってるんだろう？」と思いながらも、毎朝この手間をかける私がいる。

毎朝使うジューサー

道具って、最初は一人の手より二人分の手になるようにとか、より効率よく、より早くとか、つまり人間の手を使ってやることの延長線上に発展していったと思うんですよね。ところが今、私たちって、道具が家に来た時に先にマニュアルを読んだりして、こちら側が道具に合わせにいってますよね。本来なら人間の身体の延長にあったはずなのに、自分たちが身体を道具に合わせようとしている。そこに何かとても違和感があります。現代人が道具に接する時に道具の方が上、というか、道具に使われているような、ね。洗濯機がなければ別に毎日洗濯しなくたっていいわけですよね。洗濯機があるから、かえって忙しいというか。自分で、川だか湖から洗濯用の水を汲んで来いよと言われたら、毎日洗濯なんかしませんよね。

藤原　本原令子さんの感情を歴史学的に証明した研究があるんです。ルース・スウォーツ・コーワンというアメリカの女性の社会学者です。彼女は〝More Work for Mother〟『お母さんは忙しくなるばかり』という本を書いています。これは何かというと、今まさに仰った通りで、掃除、料理、洗濯まで、近代的な家事技術が開発されたことによって、人びとがむしろだんだん忙しくなってしまった。忙しさから解放されるはずが、コーワンさんの『お母さんは忙しくなるばかり』という本によると、かえって毎日洗濯して毎日掃除していないとならない。技術や道具を使うんじゃなくて道具に使われるような時代がきている、ということのようですよ。

本原 え〜?!…実は、私、家の中で「工場長」と呼ばれているんです。夫は台所のことになると私に向かって「工場長！ 冷蔵庫が…」とか言うわけです。自分でもあそこは「私の台所」という名の工場になっていると思います。藤原さんの『ナチスのキッチン』の中でもキッチンは工場だという表現が出てきますが、ふと考えてみたら、私は普通に自分のことを工場長って呼んでるわ、と思ったんです。

これは藤原さんの本を読んで、私が描いた※4ものです。キッチンというものは環境破壊にもつながっているんですよね。この先は原子力発電

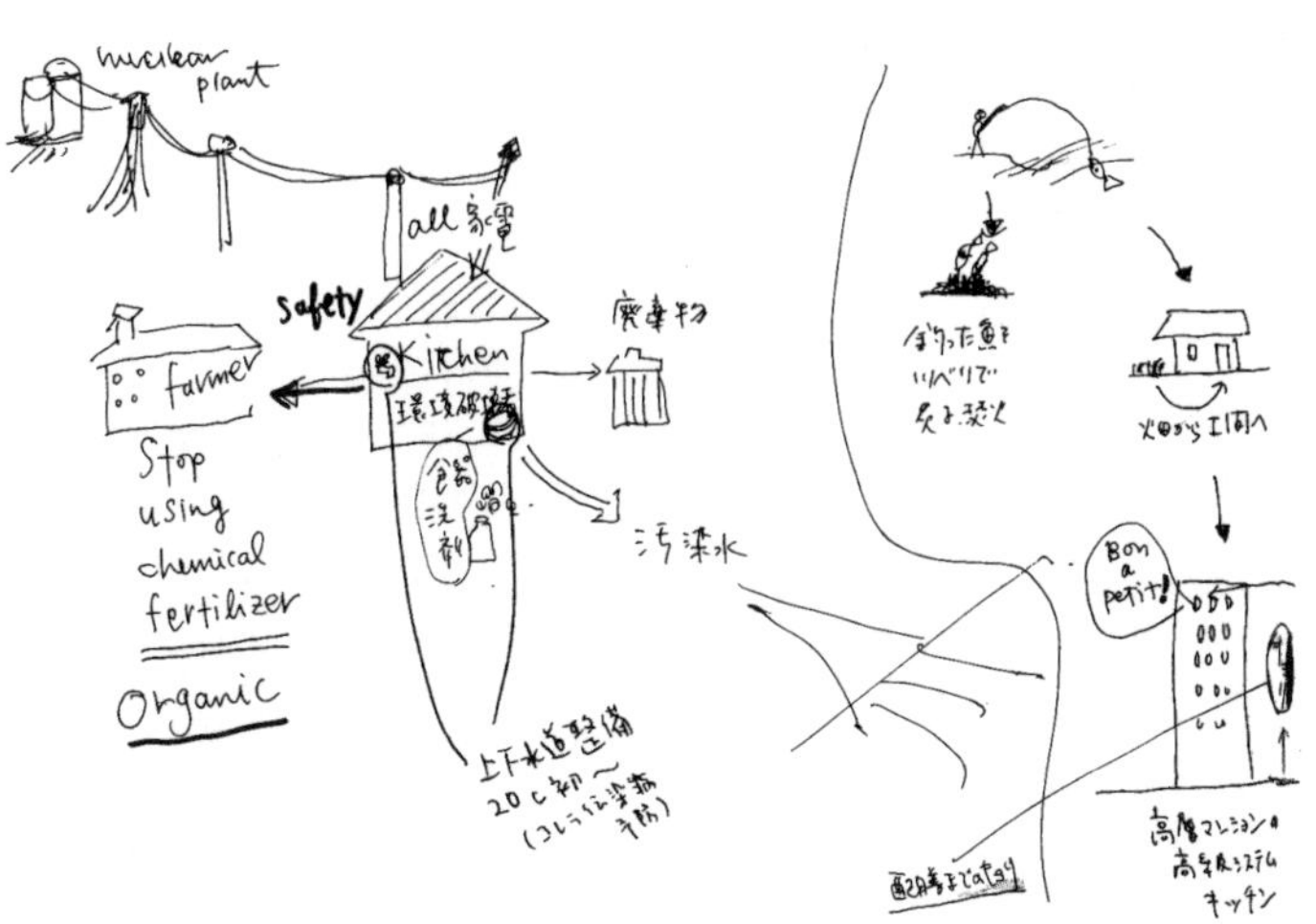

※4　キッチンは環境破壊にもつながっている

所で、ここまで電気が来ていてあらゆるものが電気で動いているということがあって、このキッチンが農家にどういうものを要求するかというと…。これは藤原さんから説明してもらった方がいいかもしれません。

藤原 そうですね。キッチンを運営している人びとが「できる限りたくさんの食料が欲しい」と要求したら、農家の人たちはできるだけ合理的に、できるだけ大量に野菜を作らなくてはなりません。そのためには、例えば化学肥料や農薬が必須になってくるわけです。台所をできるだけ早くきれいにするのに食器洗いもやらなくては、ということになると、どうしても洗剤をいっぱい使うことになる。その洗剤が流れる川というのは、とくに琵琶湖などで大きな問題になりましたけど、生活汚水となり、その生活汚水が生態系を大きく変えてきたという事実があります。台所って実は大きな環境破壊者であり、大きな消費の入口であり、大きな企業のターゲットであり、そういう意味では台所なしでは歴史は書けないんじゃないの?という話です。

本原 キッチンが「オーガニックの有機野菜がいいよ」って言ったら有機野菜が来るし、「虫が付いた野菜は嫌だよ」って言ったら農薬をいっぱい使うんですよね。農薬をいっぱい使うんだけど、今度は野菜そのものが農薬にやられないように、耐性のある品種を作っちゃったりするんでしょ？

藤原　そうです。よく知られているように、遺伝子組み換えの技術を用いて、自社の農薬に耐性のある品種を作ることもなされています。

本原　また下水と上水の問題が出てきますが、今の私たちの暮らしでは、当り前のように水が出て、使用後は出ていくんですよね。私は東京都の浄水場の人にインタビューに行ったことがあるんですが、その人は東京都の上水局は電力会社の一番のクライアントです、と言ってましたね。浄水って、深いところから上げて、上げて、上げて…水を動かすから、ものすごく電気を使うんだそうです。

藤原　浄水のためには電気をたくさん使うんですね。ポンプですからね。

本原　そうです、ポンプを使いますから。電気が止まったら本当に困るんで、当然、いざという時に対応する自家発電も準備しているようですが。それにくらべて下水場の人は小さな斜面を使って下へ下へ、なので、「でも下へ行き過ぎちゃうと、今度は海とのバランスが取れないんでちょっと上げるんですけど」とすごく申し訳なさそうに言ってました。だから、下水場の人と浄水場の人では意識もずい分違うんだ、というのがすごく面白かったです。結局下水処理場へ行くまでに、排泄物も生活用水も全部一緒になり、下水処理場から一本の流れになって、海に出るということなんですね。

藤原　本原さんのお話で面白いところは、キッチンというのが上水道から水が流れてきて下水道へ流れていく結節点であり、気づいたら「私」だって結節点じゃないか、という視点ですよね。上水道と下水道のパイプの間に僕たちがいるんじゃないかということ。これはユニークな視点ですよね。

本原　私が上水と下水の境目だったということに気づいたというのは、すごくショックな出来事でしたね。「わっ、私が境目！」って。

私は長坂さんと話したいことがひとつあるんです。ここ最近思ったことなんですが、土の話と同様に、私の言っている米と長坂さんが言っている米って違うのかなということ。自分の台所が工場だとしたら、私は自分をそこの労働者だと思っているんです。私は工場のボスかもしれないけど、働く人でもあるんです。また、私にとっての米は、生きるためのエネルギーを生産する燃料、そのために食べているものです。長坂さんももちろん食べる側に回ればそうやって食べているかもしれないけど、流通している米を扱う「お米屋さん」という立場からすると、キッチンのレイバー（労働者）ではないですよね。そこがなんか違うなと思ったんです。長坂さんは自分のキッチンのレイバーではないでしょ？

長坂 かみさんがいない時とか、全然やらない訳ではないですけど、彼女にくらべればキッチンでの仕事量はかなり少ないですよね。お店のお米はといだり洗ったりしますけど。炊飯器でさえオートマチックですから。僕は時々「スイハニング」と言いまして、羽釜でご飯を炊いて楽しむとかいうことをイベントやワークショップでやっていますけど、それは非日常的な作業ですので、そういう意味では生活者としての工場長ではないですね。

本原 そうですよね。このところ、長坂さんの米は流通の米なんだな、私の米とは違うなということを思っています。

これも藤原さんの話から、私が描いた[※5]イメージ

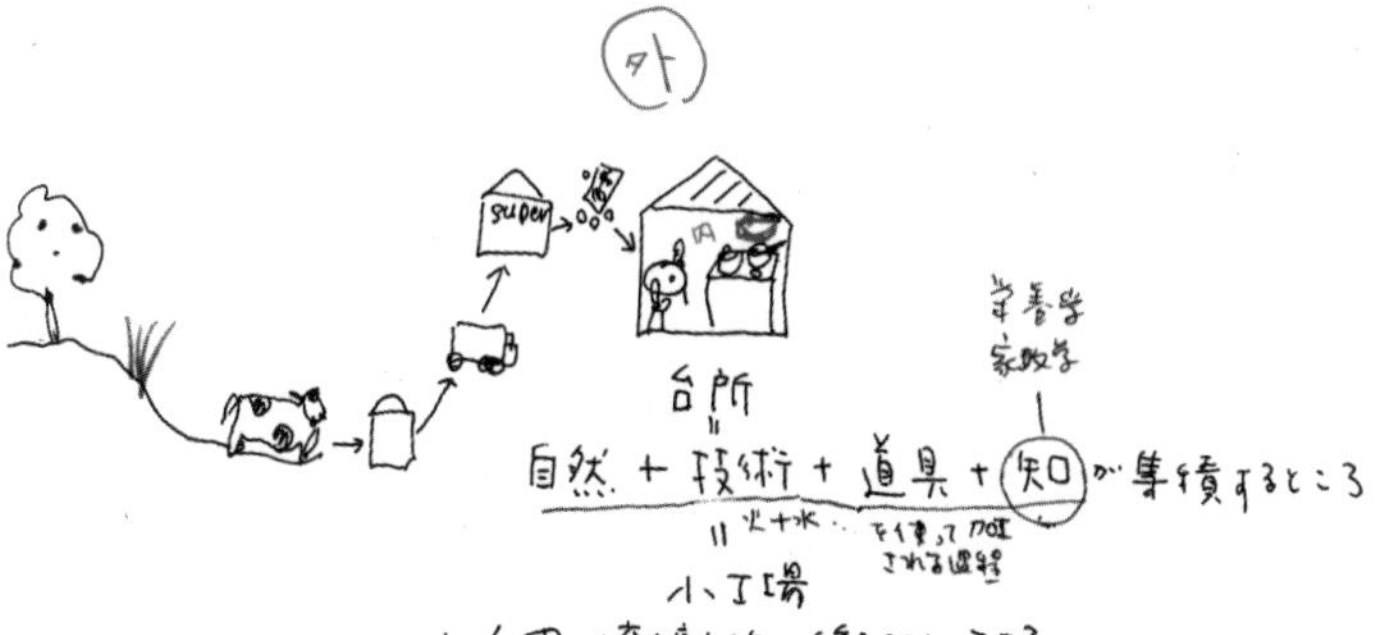

※5　キッチンは小工場

です。キッチンに向かっていろんなものが入ってきます。家の中のキッチンということで描いています。台所というものは、火や水を使って加工して、道具を使って、しかも栄養などの知識もあって集積する小工場です。人間が効率的に働くことのできる小工場になるように、今のキッチンは作られているなというイメージがあります。毎日違うものを作り出すんですよね。

藤原　僕もどちらかというと工場長ではなくて消費者で、食べる方に回ってしまっているんですけど、やっぱり違うものを暗黙に要請しているわけです。毎日違うものを食べたい、と。

本原　そうですね。工場長の側も毎日違うものを提供する。

藤原　暗黙の了解ですね。

長坂　落語に「搗屋幸兵衛」なんて噺がありますが、米屋って搗屋なんですよ。つまり、工場長の下準備をしている。アートロでは稲を杵で搗いてるけど、僕はその部分の作業、搗屋の作業をして、食べられるちょっと前の段階まで整えて精製している。アートロで稲を育てた人たちは分かると思いますが、あの状態から精米してきれいになった白米の状態にするのには、ものすごいエネルギーがいる。僕は皆さんの代わりにそれをやっているんですね。僕のしている仕事は、台所工場の工場長が「私のストライクゾーンはここだよ、ここにボールを投げてこい」っていうストライクゾーンにボールを投げ込むって仕事なんですよ。

藤原 搗屋として工場の下準備を全部一括して先にやっておくということですね。

長坂 そうです。だから、なるべくこの工場長の仕事の負担が少なくなるような下準備をしている仕事です。

藤原 流通であると共に工場の下準備。

長坂 そうです。ただ流通で米を流すだけでなく、加工調整しています。

本原 藤原さんの論でいうと、キッチンは内臓の出張機関で、食べ物を食べやすいようにしている。昔の方が食べ物を噛む回数が多かったというけど、今はキッチンでなるべく道具を使って、ガーッとかやって加工しています。

藤原 なぜその話をしたかというと、京都大学の霊長類学者で山極寿一さん（2018年現在、京都大学総長）というゴリラの専門家と『ナチスのキッチン』の話をした時に、人間は火を覚えたことによって、火で加工してできるだけ高品質な栄養を得ることができるようになり、それは進化の過程で大きなことだったと教えていただきました。

ナマの物を食べなくても、火を通して刻むことで、より脳を発達させるような栄養を得ることができたのも、重要らしいんです。それで僕は、台所というのは人間が人間であるところの栄養を抽出する重要な場所だと思ったわけです。そういう意味で消化器官の派出所、歯で噛み砕かなくても事前に派出所で砕いて火を通しておけばすっと胃袋に入っていくわけです。

長坂 ちなみに米は生のままでは消化できません。必ず加熱処理して専門用語ではα化というのですが、糊化してあげて、生のでんぷんを、食べられるでんぷんに加工するのが調理加熱で、今でいう炊飯です。

藤原 加熱しないとだめなんですね。

長坂 加熱すれば、限りなく百パーセントに近い状態で身体に吸収されてエネルギーになるんです。

本原 最初に私がこの活動をやりたいと思った時、一つには、田んぼで稲を育て、その米を食べてエネルギーを生産してまた働くという目標がありました。そして、家、キッチンこそが、生産の場だなと思うんです。ここでいう生産の場というのは、エネルギーを生産する所という意味です。食べて、身体を休ませて、エネルギーを蓄え、それでまた働く。キッチンは食べ物をたくさん消費するし、電気も消費するし、いろんなものをいっぱい消費するけど、同時にエネルギーを生産する場でもあるなと思ったんです。生産したエネルギーを何に使うか。弥生時代の登呂でいえば、住居のまん前が田んぼですから、田んぼで働いて。海も近かったから、徒歩でちょっと貝とか魚を採りに行く、とかしてたんじゃないかなって。現代でいえば、そのエネルギーを通勤して会社に行き、仕事で消費して、電車やバスでまた家に帰って、体力を回復して翌日も出ていくっていうことなんだなって、ここ最近は考えてます。

アートロ資本論

藤原 ちょっと難しそうですけど、この本原さんが描いた図を自分なりに整理していくと話がつながりそうなので、ホワイトボード[※6]に書いてもいいですか？
ここに書いた世界を仮に「アートロの資本論」として、経済学的には「マルクスの資本論」を対置して考えてみます。マルクスは、資本主義を批判していた人だったからこそ、その特徴をよく分析できたし、とくに若い頃はアートロ的なものをかなり真剣に考えていたことは補足しておきます。本原さんや長坂さんの話を聴いていて、これまでの経済学で私たちが学んできたことを、登呂という限定された場所ではありますが、ある意味で乗り越えようとしている試みだと私は勝手に解釈しています。経済学というのは、ここ（工場と家の間）で区切るんですね。どういうことかというと、「マルクスの資本論」でも、彼が批判した経済学でも、その中心には市場、マーケットがある。このマーケットというのは何かというと、商品がめくるめく動いている交換の場所。その商品というのは、例えばこのペン一本もそうだし、お米もそう。お金に換算できる商品です。ただ、

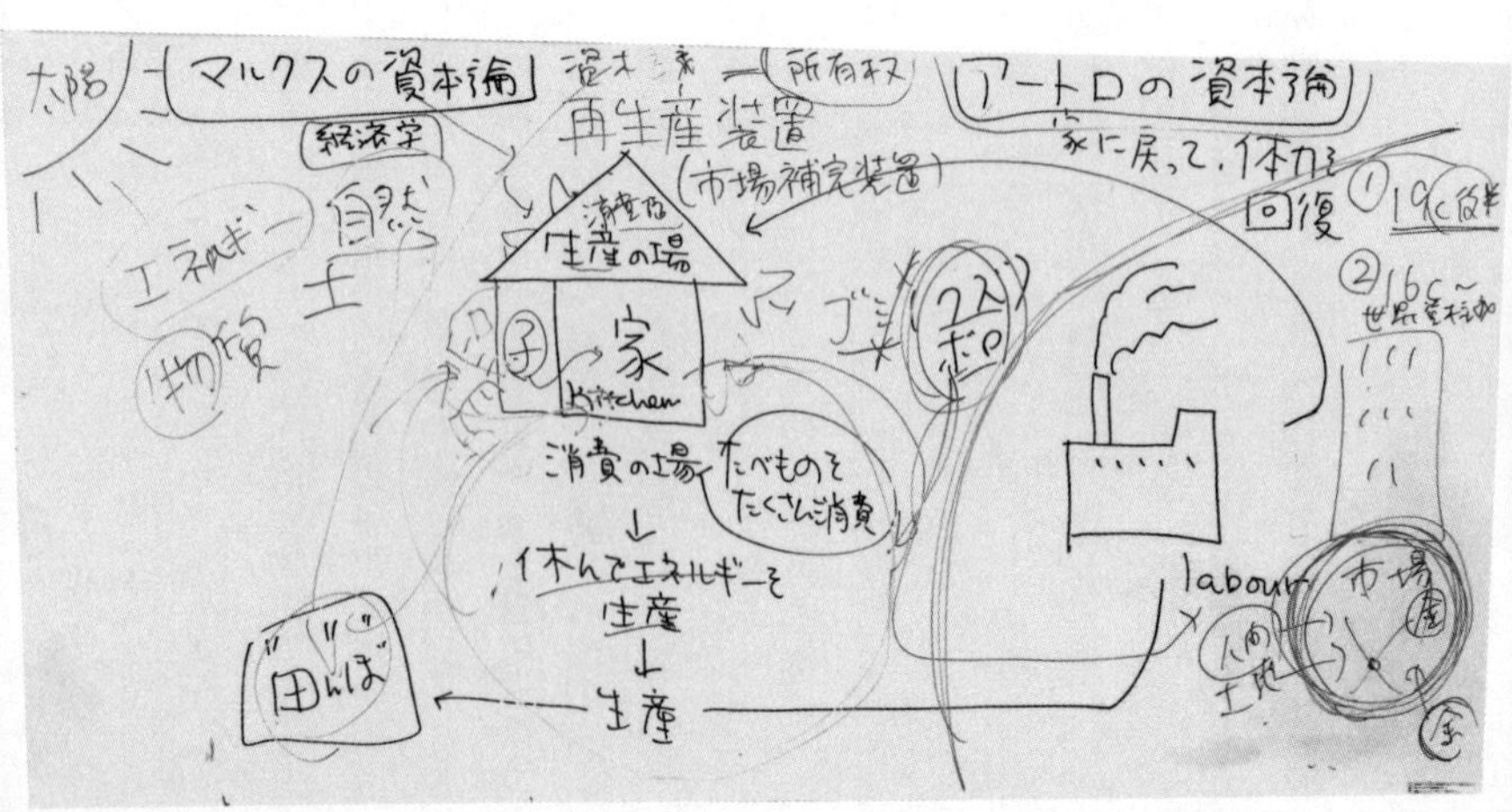

※6　トーク中に描いてくれた藤原さんの板書

ポランニーという経済人類学者が言っていることですが、3つほど、市場にはとても不思議な商品があります。一つは「労働力」という商品、つまり「人間」です。「人間」という商品が市場に入ってくるんですけど、この商品はとてもおかしな振る舞いをします。商品化しても、いろんなものがいっぱい付随してきて、例えば「疲れる」とか「ブーブー文句を言う」とか（会場笑）、商品のはずなのに、なんか不思議なことをするわけです。他ならぬ私自身がそういう労働力商品なんですけれどね。これをマルクスは「労働力の商品化」と言いました。

それで、どうやらこの労働力というのは「家」から来ているようだ。これを「マルクスの資本論」側の言葉で言うと、難しい言葉を使うんですが、「再生産装置」といいます。これはどういうことかというと、本原さんが描いてくれた※7ように……

本原 そうなの？

藤原 そう。本原さんは、マルクスを読んでないにも

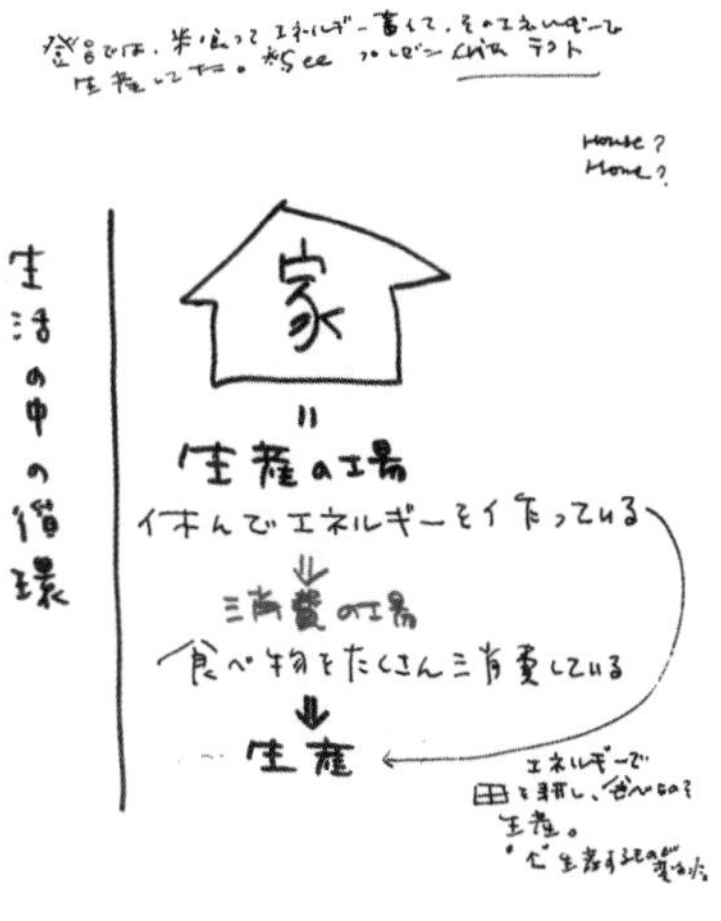

※7　アートロは、エネルギーと物質の循環？

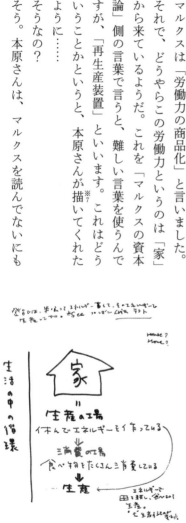

かかわらず、読んでいるように考え、行動しているんですよ（会場笑）。家は、市場へ働きに行って疲れて帰って来て、ご飯を食べて睡眠を取って、朝また市場に自分の労働力を売りに通えるという、そういう場所なんです。家というのはつまり「再生産装置」です。ただし、本原さんの図にもう一つ付け加えなくてはいけないのは、家は労働力が単に復活するだけではなくて、労働力そのものを生み出す力を持っているということ。つまり「子ども」です。家というのは、もうひとつ別の役割があって、それは、子どもという未来の労働力が生れる場所だということです。子どもをここで育て、いろいろ教育した後、労働力として商品化して市場に送り出す、ということも家がやるんです。ただし、この家というものを経済学の中に入れてしまうと、説明がすっごくややこしいので、とりあえず経済学では家を議論から切ってしまってそこは論じない。「再生産装置」として置いておいて、経済をあくまで市場の動きとして考える。マルクスは批判していますけど、古典的な経済学は、市場というのが需要と供給の均衡点を生みだしている場だから、これをちゃんと研究すればいいとしています。そんな訳で、市場の外部にある「家」とか、さらに外にある「自然」とか「土」とか、そういういうものをとりあえず研究対象の外に置いてきたんです。

長坂さんと本原さんの話を聴いて分かったのは、人間はもう一つへんなものを商品化してしまったということです。僕はこれ、パンドラの箱を開けちゃったと思うんですけど、「土」です。「土地」ですね。人類は土地を商品化することで、土地を集めて大規模な経営ができるようになりましたが、土はいろんなものを育てて生み出していたのに、「一坪何円」という売り物になってしまった。これは人類史の中で非常に不思議なことですよ。登呂では「一坪何円」ではなかったんですからね。そうして、土地も市場に入ってくるようになった。土地もまた再生産される。いろいろな自然循環の中で再生産されては市場に持ってこられているわけです。

あともう一つの不思議な商品というのは、「お金」です。「お金」というのはあくまで記号に過ぎなかったのに、今は商品になっているじゃないですか。つまり、株とか、お金を右から左に動かすだけでお金が発生する利子ですよね。

この3つというのは、本当は人類が商品にしてはいけなかったものではないかという人もいるんですけど、「人間」や「土地」や「貨幣」という不思議な商品が市場にあるということへの疑問を、今の人びとはなかなか抱きません。だって僕たちは労働力商品じゃないですか。例えば僕。京都大学という大きな雇用主に「私は商品です」と宣言して雇ってもらい、ある一定期間働いて、給料が銀行に振り込まれているわけですから、まさに労働力という商品です。ただし、そういう風になると、労働力というのは使い捨てされるので、そうじゃない自分の楽しさとか、人生の喜びとかを秘かに抱えて、京都大学から家に帰ったら、何かから解き放たれて遊んじゃうんですね。その自分というものを持っているから人間は完全な商品になり切れない。では「アートロの資本論」の説明は本原さんからどうぞ。

本原　え、「アートロの資本論」もあるんですか？

藤原　ありますよ。ここまでは経済学の話です。

本原　畑から土間へとか、昔は「作る」ところから「食べる」までの距離がすごく近かったのに、今は配膳までの距離が長い。食べ物をたくさん消費するけれど、生産の場とは近くないですよね。食べ物はえらい遠くから飛行機で飛んでくる。私もチーズが好きだから、そういう遠くから来る物を食べちゃったりしますけど。高層マンションの高級システムキッチンとかだと、土から相当、遠く離れていますよね。

藤原　マーケットを成り立たせる大前提が所有権です。所有権がないと絶対に成り立たない。お米屋さんからお米を買う時、そのお米は長坂さんが所有しているお米だからお金を払おうという気になる。「誰かのもの」というのがちゃんとはっきりしている。警察がいないと市場は成り立たないんです。自由に盗みができるようだったら市場は必要ない、お金のやりとりも発生しない。ただ不思議なのは、人間（労働力）も土地も、市場の中で「誰かのもの」にしちゃったことです。アートロが試みているのは、「面倒くさいけど、ここに疑問を抱こうよ」ということ、つまり、普段は滅多に考えない根源的な問いを僕たちに投げかけていることです。

本原　人がそれぞれ持つ時間とか技術とかは「誰のもの？」……そこは本当に難しい話です。私たちはずっと田んぼで田植えをしてきたんですけど、アートロ1年目はトラクターが入って普通に種もみから育てた苗を植えました。2年目は自分たちで鍬を使って田起こしをし、3年目は、元々田んぼではなかった場所を耕すところから始めました。チームを二つにして田んぼを分けたら、なんと水争いが起きたんです。私たち仲が良いんですよ。いい大人だし、そんな争い起こすような人たちじゃないのに、田んぼの水上と水下とで水争いが起きたんです。

藤原　目が怒ってるよね。

本原　すごかったんです。一方の田んぼは浅くて水が丁度良かったんですけど……

長坂　そもそも田んぼというのは落差がなくちゃいけないんですよ。100mで数cm程度、少しずつ水が下がっていくように設計しなくてはいけないのに、アートロではそれができていない。限られた場所ですからそれは承知の上だったんだけど、実際に水を入れてみたら、こっちは水が足りないしこっちは深すぎると、田んぼごとにものすごくコンディションが異なるという現実に直面したんです。ガタガタな田んぼの中でそれぞれのチームが、「私たちにとっての良い状態」をなんとか実現しなければと。それで水争いが起こった。

本原　一方の田んぼにはこれ以上水がきて欲しくないので、もう一方から水がこないように堰止める。すると、堰き止められた方の田んぼは水がどんどん溜まって深くなり、結局、田んぼの境目が決壊するんですよ。そうすると堰き止めた方がまた、深くなってしまうという…。

長坂　十畳もないようなちっちゃい田んぼで、いい大人が数時間も争って、あれは参ったよね。

藤原　人類史的にいうと戦争ですね。（会場笑）

本原　この時の「はてなとがってん」[※8]では、「こうやって争いが起きるのかと思った」とか、

※8　はてなとがってん
アートロの活動では、毎回体験の中で得た疑問を「はてな」、発見を「がってん」と呼んで発表していた

長坂　「役割分担が必要だ」とか、「ホウレンソウ（報・連・相）」とか、「強力なリーダーが必要だ」とか書いてあって、なんだこれは？というようなことがありました。この時、面白いと思ったのは、自分がどっちに所属するだとか、こっちの田んぼは自分たちの物だとか、みんなの中に「所有」という概念が起きたことです。

それまでは誰のものでもない所をみんなでやっていたんですよ。もちろん借りた田んぼだったけど、みんなでこの一枚をやるということで原始的だったんです。だけど2チームに分れたところで、ものすごい争いが起きたんです。

藤原　歴史を振り返ると、ここから殺人事件が発生しますよね（会場笑）それで、最後はみんななんとか仲良く修復できたんですか。

長坂　いや、煮え切らないままで、「今日はこれ以上やるとちょっと……終りにしましょう」ということにしました。

藤原　いやぁ、それはすごい実験だなぁ！

長坂　ギスギスしてました（笑）

藤原　アートロの社会実験は、戦争（諍い）の始まり、所有権・所属の始まり、それからもちろんキッチンの始まり、つまり人類史の「はじまり」を追体験しようとする実験ですよ。そして、もう一つ忘れてはならないのは、政治の始まりです。争いをして、その後駆け引きが始まるわけですよね。「強力なリーダーが必要だ」…なんて、それはもう国の始まりですよね。（会場笑）

長坂 たった2時間か3時間のワークショップのあいだに社会がストンと出てきちゃった。

本原 あの時はまさに社会の始まりだったね。そうか！　今、この話で、土地というものを商品化して「もの」としたということにつながったから、まさに「アートロの資本論」だ。

藤原 「マルクスの資本論」の方は市場が中心なんです。で、「アートロの資本論」は多分、太陽のエネルギーを中心に据えているのではないか。経済学で循環しているものは金です。金が循環している世界を市場でやっているので、人間も金で評価されるし、土地も金で評価される。経済学の世界は金銭の世界ですね。そのおかげで僕たちはスッキリと世の中を理解していると思える。お金がどう変動しているかを知らないといけないから、新聞では必ず株価の変動があれだけの紙面を占めている。僕は紙面がもったいないと思ってしまうんですが、あれがないと国家は成り立たないんです。こういう風に金が動いているんだ、こういう風に円とユーロが交換されているんだ、ということが毎日示されて、貨幣に対する信頼が確認され続けていないと国が成り立たない。それというのも、市場が中心にあるからです。

だけど、どうやらアートロのみなさんは大分道を踏み外していて（会場笑）、市場ではなくて、エネルギーと物質の循環を軸に世界を見直そうとしている。太陽のエネルギーはたしかに私たちの暮らしの根幹です。植物は太陽の光のおかげで光合成をしてブドウ糖を作っているのですし、太陽のおかげで、私たちは生活できています。それは石油だってそうですね。元々は植物だったものが地中深いところで化石になって、その燃料を使っているわけですから。太陽エネルギーのおかげで私たちは田んぼで植物を育てて、キッチンに取り込んでご飯を食べられるわけですよね。この循環で考えると、市場というのはとても小さい存在にすぎません。エネルギーをどう取り入れて、エネルギーで作った物、物質がどう動いているか。「アートロの資本論」あるいは「本原令子の資本論」だと、家の入り口に口があって歯があって食べますよね、それで、反対側にお尻があって、口から入れられた物質を排出して、循環するわけです。循環してまた家に戻ってくる。通常の経済学が無視している自然や土の世界、分解者の世界で循環して戻ってくるんです。こっちの循環にいる人って、市場の循環ってどうでもいいんじゃないですか？

本原　どうでもよくなってきて、今、困ってる。

藤原　もちろん、今は市場の世界がヴァーチャル的には強すぎて、地球全体がほとんど市場の世界になっているように見えますから、当然僕たちはそこから完全に逃れて生きることはできないわけですよね。だけれども、実は市場の世界が唯一の世界じゃないよということを、アートロがやっている試みは垣間見させてくれている。それが「アートロの資本論」ということで、どうですかね？

長坂　すごいな。

本原　すごいところに行っちゃったな。

登呂の暮らし方

本原　これは登呂の発掘から出てきた遺構[※9]です。柱の跡が何カ所かあるのは、柱の位置を移動したのか、建替えをしたのか…。とにかく、4本の柱があって、囲炉裏があったというのは分かっているようです。

私は、今登呂遺跡にある復元建造物を見て、こんな建売住宅みたいに全部いっしょの形?と、ずーっと思っていたわけです。今だっていろんな形の家があるのに、なんで登呂の家はみんな同じかっこうなのかな? はてな?と思って、調べてみたんです。

そうしたら奈良文化財研究所に黒坂貴裕さんという遺構の専門家がいらっしゃることが分かり、さっそくお話を聞きに行ってみました。

黒坂さんのお話では、復元住居は、どんなところでも数人の建築家が遺構から想像して形を作るので、それが正解かどうかは実のところ分からないのだと。登呂は戦争中に遺跡が見つかって、発掘自体は戦後なんですが、東京大学の先生が復元住居はこんな形だったのでは?と考案されて、この住居が弥生時代の見本になったそうです。当たり前なんですが、この形は現代の人が考えたものなんだということですよね。本当に建売みたいにみんな同じ形だったのか?ということをもう一度考えてみたくて、黒坂さんに登呂に来ていただいて、ワークショップをやることにしました。

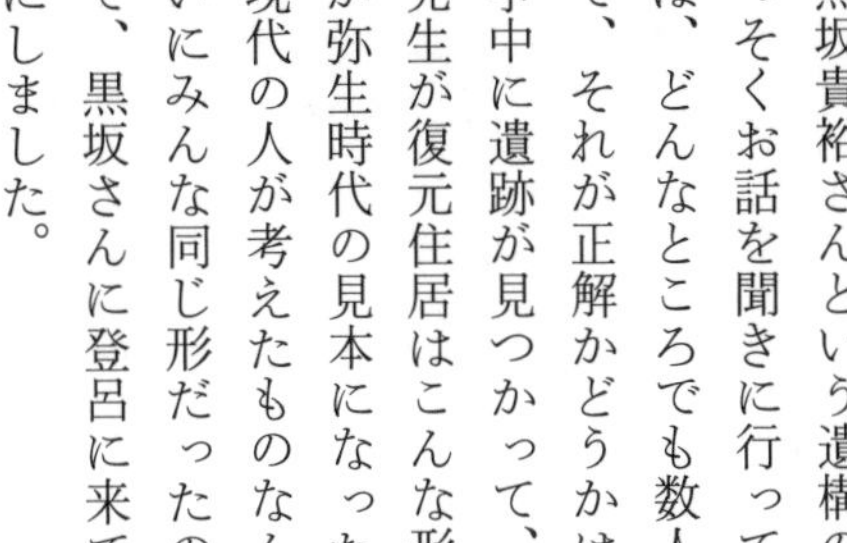

※9　登呂遺跡の住居跡（遺構）　写真提供：静岡市立登呂博物館

（写真を見せて）２０１４年の最初のワークショップで黒坂さんの話からアートロ参加者が作った家の模型の写真です。立っている桜の木を利用した、高床的なお花見用の家もありますね。

長坂　花見のための高床式住居ですね。

藤原　花見をするという考えが素敵ですね。

本原　バリ島にあるような立ち木を利用したバス停とか、屋根をかけて公民館にしているようなアレですかね。

で、初回のワークショップでは、建て方にばかり注目して、どんな人が暮らしているかということを一切考えてなかったんです。そこで、２０１６年にとろエンナーレで再びワークショップをやった時、今度は、どんな人がどんな風に暮らしているかを考えてもらいました。子どもたちにも復元住居の中に入ってもらって。外は明るくても中に入った途端に真っ暗なんです。こんなに暗い所だよ、これで夜真っ暗になったらなにする？　どうする？　ここに大体7、8人の人が住んでたよ、誰が住んでたと思う?と、いろいろなことを想像して家の模型を作りました。

そしたら、今度はみんな柱だけではなく、いろんなものを作り始めた。中に囲いや二階があったり、地べたに座るのが嫌だからと莚《むしろ》みたいなものが敷いてあったり、椅子や棚みたいなものを作ったりしていて、住まい方から建物を考えるというところが、一回目とは大きく違っていて、それがすごく面白かった。これは、建築家の方が作った模型です。地面に寝るのが嫌だからと、ハンモックみたいなものを作っています。さきほど、キッチンが工場になっているという話をしましたが、今の建物は空間を仕切って「個」になっているというか、一つの家の中がパブリックではなくプライベートじゃないですか。それで更にその中にプライバシーというものがあり、今、登呂のあの住居の中でその頃の人たちがどんな風に暮らしていたかを想像するのが難しい。どこから、そんなにも私たち、個の空間が欲しくなっちゃったのかな?と考えます。

藤原　ちょっと、長坂さんにお聞きしたいんですけど、あの登呂の遺跡は実は夏の建物なんですか?

長坂　黒坂さんが一つの仮説だということでおっしゃっていたことです。水田稲作というのは一毛作であれば半年間しかやらないですよね。4月ないしは5月くらいから9月か10月くらいまで。半年間だけ稲

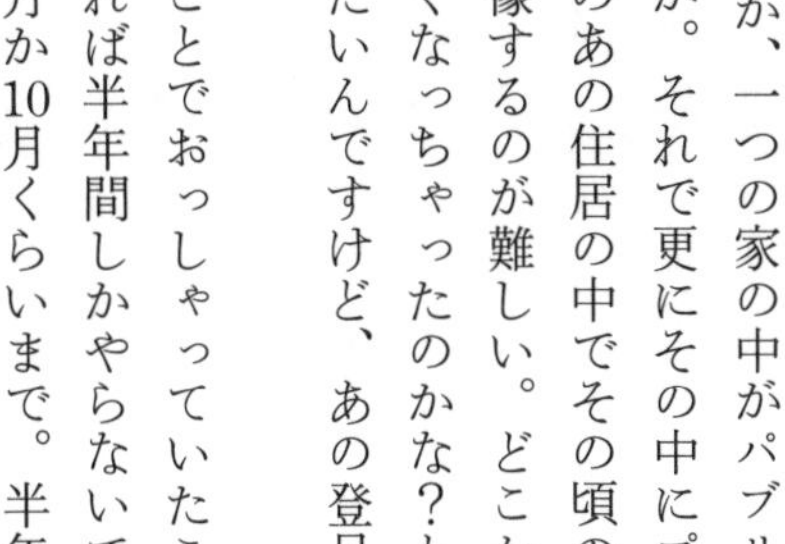

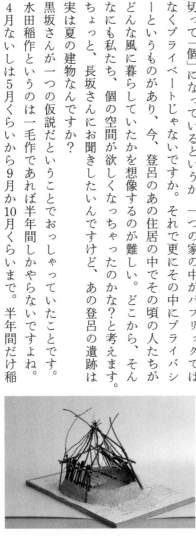

建築家が作った家の模型

作しに来て居るための住まいではないか。冬になれば、山の方が動物がいたり、きのこや木の実とかを採る冬の暮らしがある。現代は、土地の所有というのがありますよね。もしも土地の所有という概念がこの弥生時代に今ほどなかったとするなら、季節ごとに緩やかに移動していたのではないかということが考えられます。

藤原 そう考える理由はもう一つあって、台付甕形土器というのはとてもモバイル性が高いんですよね。甕に台が付いているから下に燃える物を持ってくれれば、どこでも行った所で「さぁ、何か作ろう！」ということができるんです。

本原 なるほど～。僕は勉強が大好きですけど、お二人からいろいろなお話を聞いて、自分がいかに頭だけで考えていたのかということを反省させられます。

藤原 〝やってみないとわからない〟んですよね。

本原 そうですね、やってみないとわからない。モバイル性土器だった、なんてことは日本史の教科書には書いてないですからね。（会場笑）あと、家の中が暗いから主な作業は外でやっていたかもしれませんね。

藤原 外でやるときは、雨よけや日よけになって、あの高床の下なんかいいですよね。

本原 高床が屋根になる、家が屋根になるわけですね。

本原　私たちは道具のプロジェクトも始めていますが、昔の物を作りたいというわけではなくて、今の暮らしに活かせる物を見つけたいと思っています。その活動を通じて目指していることの中に、ゴミがないということが大きくあります。
アートロの「はてなとがってん」に、ある時ふっとこういうことを書いた人がいます。「作った土器や、土器の余や端材、ゴミなんかも出土しているのか？　ゴミの概念があったのか」って。ないでしょう？　人間を含めて、あらゆるものが土に戻れたはずなんで、ゴミの概念なんてなかったんじゃないかと思います。これは、私が藤原さんの本を読んだ後に、自分で思ったことを描[※10]いたものです。

藤原　はい、描いていただきました。宝物として大切に取ってあります。

本原　結局、土って葉っぱとか植物とかすべてのあらゆる陸上生物の墓場みたいなもの。生物は、分解という腐敗機能で土に戻る。それがアスファルトになると土に入れないわけです。アスファルトがあったら腐敗機能が使えない。いま、道路で猫が轢かれていたら、「すいません、片付けてください」と役所に電話する。本来なら土に埋めればいいのに。

藤原　貴重な肥料ですよね。

本原 はい。そういえば、窓に鳥がぶつかって死んじゃうという事故が多かった年がありました。その年は近所の人もみんな「最近鳥がよくぶつかるのよ」なんて話をしていたんですね。うちは窓が大きいせいか、けっこう立て続けに鳥がぶつかって死んじゃっていたんですね。死んだ鳥を持っていくと、向かいの畑のおじさんが「ここに埋めとけやー」と言ってくれて、「どうもすみません」と埋めさせてもらっていました。そうすると土に戻れるんですよね。アスファルトではそういうことが一切できない。とすると、この上は土に戻れない世界です。さっき藤原さんが言っていた「マルクスの資本論」ってここのこと?ここだけで起きてることですよね?!

藤原 そうそう。腐敗機能が働くところが「アートロの資本論」です。土に戻れない所だけで起きている世界がさっきの「経済学」で、腐敗機能の方まで含めているのが「アートロの資本論」。

本原 アートロは、そこまで考えようとしているんですね。

藤原 そうなると「住まう」ということの考察が、正念場だと思うんです。もしも『アートロの経済学』という本を全十巻で出すとしたら（会場笑）、住まいをどう論じるかで3巻本くらい必要だとします。本原令子編で、編者になってくださいね。

本原　はい。変な人ってこと?

藤原　そうじゃなくって（会場笑）、編者ということの「編」ですよ。近代社会になって家に与えられた役割が再生産装置ですが、それが「市場補完装置」になってきているということだと思うんです。一つは、疲れをとる場所、休んでエネルギーを生産する場所です。もう一つは、消費の場所になってしまったんで、できるだけたくさんの物、ジューサーとか台所の物を買っていただかないと、市場が回らない。家電業界ができるのが1900年

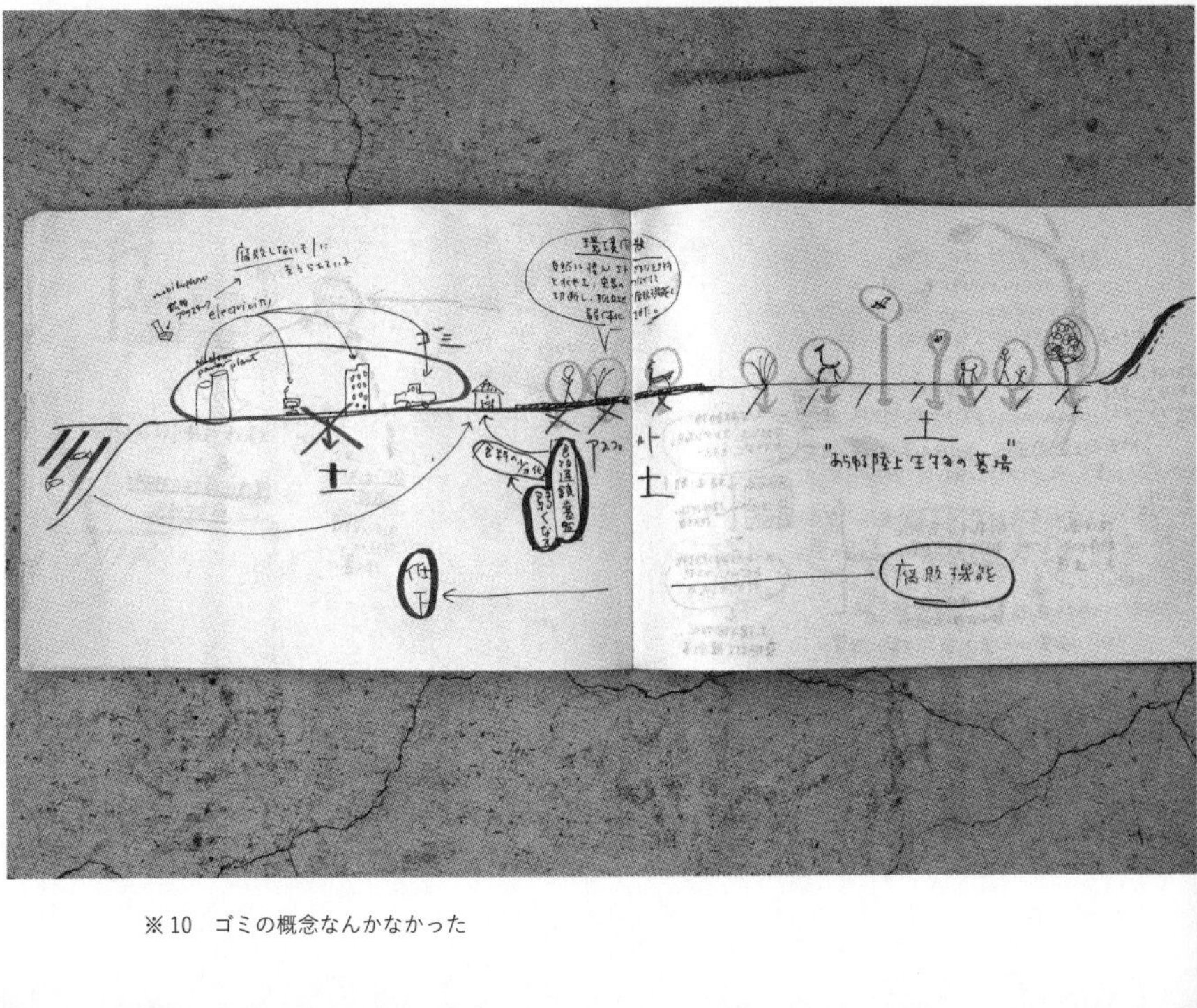

※10　ゴミの概念なんかなかった

代くらいなんですが、例えばドイツの有名なユンカースという戦闘機の会社は、第一世界大戦が終わった後に戦闘機が売れなくなって、何を売り出すかというと、掃除機を作るわけです。家が思いきり汚れの出る場所だということで、製造するものを掃除機に移行すると、家電が売れる、売れる。家は生産の場であると同時に消費の場であるということになって、ここにかなりいろんな物が入ってきては出るようになる。

本原 出たり入ったりする。

藤原 食べ物が入るのとは違う口というか、欲望の口があって、欲望の口に家電や衣服などの「食べ物」が入って、また出されるんですけど、ここから出されるのが糞尿ではなくゴミです。

本原 うわぁー！　そうか！

藤原 このゴミが溜りに溜まって、今私たちの世界を苦しめているんですよね。実は、江戸時代にもゴミはあって、それなりにいろいろな廃棄物というものがあった。でも「ゴミ」と言われなかった理由は、「ゴミ」じゃなくて「クズ」だったからなんですね。「クズ」や「ボロ」だったわけです。クズやボロって何かというと、再利用できる、もう一回利用できるもののことです。今、藁とかおからとかは産業廃棄物でゴミにされていますが、でも実は、クズやボロの世界では、こういったものはもう一回リサイクル可能なものなんです。

長坂 釜の張り替えとかもありますよね。

藤原 そうそう、ありますよね。これがたぶん「アートロの資本論」です。経済学ではここがなかなか論じにくい。「アートロの資本論」は、クズやボロの世界を循環の中にもう一回入れましょうといって、もう一回この家の口に入れることを考えているんじゃないでしょうかね？　違いますか？　そんな気がしています。だからゴミは本当に大事です。

本原 私は直感的に動いているだけなんですが、でも、目指しているところはそういうことなんだと思うんです。

登呂では漆を施した木琴が出ていますが、弥生時代の遺跡ならどこでも出ているわけではないそうなんです。ここで活動を始めた時、農家の人が、「全員が食べ物（の生産）に従事しなくてはいけない所だったら、こんな物は出てこない、そんなポロロンとやなんてやってる暇はねぇ」って言ってたんですよ。だけど、登呂の人はポロロンとやっていたんですよね。ポロロンというのも他の道具をやるのと同じように私は考えたいんです。私たちは田んぼの土から土器を作りましたが、それには弥生時代も安倍川の土を使っていたでしょうし、竹から箕を作って、漆で装飾したり、鹿から膠《にかわ》をとって接着したりと、あるものを使って、自分たちで道具を循環できるようになりたい。今はなんとなくそっちの方を目指しています。

藤原 ポロロンがあるのがいいですよね。

本原 そうなんです。で、ポロロンとした時には、絶対ちょっとキュッて飲んでたと思うんですよね。

藤原 そうそう。

本原 でしょ？　絶対お米は発酵しちゃったよね。

長坂 スナック弥生。

本原 それでいつかあそこでスナック弥生をやりたいと言ったら館長が怒っちゃうし（笑）。こんなところが今の私たちというところです。

質疑応答

質問　今日は面白いお話をありがとうございました。ホワイトボードに書いてあることでお聞きしたいことがあります。「アートロの資本論」は、弥生時代だけでなくて、わりと江戸時代くらいまでは日本はこうだったのではないですか？　世界的に見ると、きっとよその国でも「アートロの資本論」的な暮らしがあって、初めはみんなそこからスタートしたと思うのですけど、どうなのでしょうか？　私の感覚からすると、「アートロの資本論」の方が根本的な感じで、市場の資本論って、ちょっとおかしいなと思っちゃうんです。そのへんを教えていただけたらなと思います。

藤原　その質問に答えられたら、たぶんもうノーベル経済学賞だと思うんです（会場笑）。本当に根本的なご質問だと思います。いつこういう市場の世界が私たちの思考・行動様式の中心になったかというご質問ですよね。江戸時代と仰ったけど、確かに江戸時代においてはもっと人糞尿の循環があり、屑屋さんという屑拾いがクズを拾っていた。江戸時代は大出版時代ですからものすごくたくさんの本が出て紙屑があふれていて、屑拾い屋さんが二本の棒でその紙屑を拾っていました。二本の棒が箸に見えるので「クズを食う」と言うのですが、そうやってクズを集めていました。この紙屑を浅草に持って行き、浅草で紙を漉き直して「浅草紙」というトイレットペーパーにする、という循環がありました。

そういう意味では、今仰ったように、江戸時代というのは、やや「アートロの資本論」的なイメージがあるんですけど、一方で、非常に金融的な世界が発達していました。堂島のお米の市場では先物取引というかたちで今の資本主義の先をゆくようなことがなされていました。じゃあ、いつなんだということですが、それはいろんな説が多々ありまして一言ではいえません。例えば田沼意次の時代にはバブルが発生したそうで、かなりお金の世界に傾いた時代だということがいえるんですが、日本の歴史において「アートロの資本論」的な世界から「マルクスの資本論」的な世界への移行について言うのは非常に難しいです。

ただ、マルクスの資本論は19世紀後半、１８５０年代～60年代にかけてできた本で、イギリスをモデルにして書かれています。ちょうど工場がたくさん建てられ、公害が登場し、19世紀という時代にこの市場中心の世界観が地球上に広がっていっていたということでは、時代的にいうと19世紀後半というのが分かりやすい転機かなと思います。なぜかというと、このときに資本主義というのが各国とも活発化していって、その資本主義は、遠くの地域にまで出かけて市場開放と所有権の確立を要求するわけです。つまり、植民地をどんどん獲得し、広げたのがこの19世紀後半ですし、日本という国が明治維新をするのも、ドイツという国が一つの国になるのも、イタリアが統一するのも、全部１８６０年代~70年代にかけてですから、この辺でおそらく市場経済が人びとの目の前に迫ってきて、いま私たちが生きている世界との違和感がなくなってきたんじゃないか、というのが僕の大体のイメージです。

そう考えると、いま先進国といわれている国の昔の世界も、「アートロの資本論」と「マルクスの資本論」のうち完全に「アートロの資本論」だったわけではなく、両方がギスギスしながら併存していた時代という風に捉えていかないと、17世紀、18世紀は見えてこないんです。

あと、もう一つの仮説はルネサンス、大航海時代です。大航海時代で船を使うようになって商品が自由に交換できるようになったので、16世紀ぐらいから世界資本主義というのができたという人もいます。いろんな説がありますので、ぜひ本を読んで研究していただければと思います。

僕が提唱したいのは、「アートロの資本論」と「マルクスの資本論」、この二つを頭に浮かべながら、どういうバランスだったかなという風に考えていただくことでしょうか。今だって両方が併存しています。ぜひご自分で論文を書かれたら（会場笑）ノーベル経済学賞いけるんじゃないかと思います。

質問

今回は展示の監修で関わらせてもらいました。美術家をやってます。上水道と下水道の話の中で、藤原さんの台所の話を聞いて思ったことがあります。もう亡くなってしまったんですけど、荒川修作さんという著名な美術家の講演を聴いた時に、「私は死なない！」と言っていたのがすごく面白かったんです。僕たち人間の身体自体がものすごくたくさんの微生物とか菌とか百兆ぐらいの子たちでできているとしたら、身体としての、一人の人間としての死は来るだろうけど、俺たちの中の百兆の奴らはたぶんそのまま生きてて、自分が燃やされるか土に還ったときに、奴らはそれまでと変わりなく活動し続けるだろうという。それを以て、荒川さんが「私は死なないんです！」という話をしていたんです。それから、人間自体が何をもって、僕たちの身体が生きているのか死んでいるのか判断するか、ということがあります。それは科学的というよりはどちらかというと哲学的、倫理的な話になると思いますが、案外そういうイメージと今日のお話がすごくつながって、興味深く面白かったです。

本原　アートロの活動を見た時に、そういえば土とか道具とか生活のことについてみなさんが考えていく中で、人間そのものはどうだったんだろう？ということへのイメージが広がっていくのも有り得るのかなというのを、本原さんか長坂さんに聞いてみたいと思いました。ちょっとそういう印象を受けているところです。

ありがとうございます。今、思い出しました。夕べ夜中に、お墓というか、ここで暮らしていた人の骨って出ているのかなと思って、今日館長にお聞きしようと思っていたんです。館長、出てるんですか？

会場から（館長）　出ていません。

藤原　なぜ出てないんですか？

会場から（館長）　なぜ出ていないかは分からないのです。そこは我々も知りたいところです。登呂遺跡よりもちょっと前の村がこの辺一帯にあったんですが、そこではお墓がたくさん出ています。今の静岡新聞社の辺りから東に向かってズラズラズラっと全部お墓が並んでいるんです。そのお墓がどうなったかというと、登呂遺跡の時代に全部壊されまして、田んぼにされちゃったんですね。それじゃあ、登呂遺跡のお墓はどこにあるのかというと、未だに見つかっていない。

本原 そうなると、サマーハウス説がやっぱり浮上しますね。「令子の部屋」[※11]を大阪でやった時に、「死について」話しました。自分の身体の中に菌がいるとかいうけど、その菌てどっから来たの?みたいな話に始まって。その時の話では、腸内細菌などはほとんど生きてる人間の中でしか生きていけないということだったかなという記憶があります。

藤原 もちろん生きていけるのもあるんですが、私たちの排泄物っていうのは基本的にはかなりの部分が腸内細菌の死骸なんです。

本原 私はやっぱり死のことにいっちゃうんです。

藤原 死はすごく大事ですよね。

本原 別の「令子の部屋」では、精神分析学がご専門の立木康介さんとお話ししたんですが、その時の話も死だったんです。自分のノートにも書いてあるんだけど、その時、自分の身体も石も粉にしていったら結局は元素だ、というところに行きつきました。人間

※11　令子の部屋
本原令子がナビゲーターになり、研究者を招いてお話を聞く会。
アルコール片手に参加者もみんなで会話に加わる

の身体を構成している元素の比率は、ほとんど太陽系の元素の比率と同じだというんです。例えば太陽系で鉄分がもっと多かったら、人間はもっと鉄な奴だった可能性がある、なんて面白いと思ったけど、その時点で私は思考が止まっちゃったのね。だから何？って。

じゃあ、この身体にしか残らない記憶とか、この人にしかない人間性とか、生きてる間にこの人の身体の中に残るものとか……どっから死なの？とか、身体がいろんなものの住処であるとか、どんな元素でできているとか、そこまで行って、やっぱり一人の人としてとか、個性とか、そういうところに戻っていったな、というのが今のところの私です。

藤原 今の質問者さんのお話を聴いて、僕もすごく考えさせられました。「僕たちがずっと死なない」という荒川修作さんの言葉というのは、いわゆる経済学とは違う世界の見方を教えてくれる感じがしています。僕たちは物質になるんだ、物質になって循環してぐるぐる回っている以上は、存在しているという単純な物質的な事実もあるし、誰かの思い出になってずっと生きるという精神的な意味合いもあるんですけど、ちょっとアクロバティックなことを言いますと、僕たちはずっと死に続けていることで、生きているという言い方ができる。それは何かというと、一つには、僕たちは三ヵ月ぐらいで物質が全部入れ替わっているし、それから腸内細菌も百兆飼ってはいますが、生きては死ぬ、生きては死ぬを繰り返していて、人はただの乗り物だとさえいえるものだと思っています。僕たちも一つの生態系に過ぎないし、「チューブ」だと言ったのはそういうことです。常在菌といって肌の上にもいっぱい菌がいて、厚化粧すると死んじゃって、そのせいで肌が弱くなってしまうんです。常在菌もいっぱい飼っていて、口の中にもいっぱい菌を飼っていて、胃の中にもピロリ菌というのがいます。ピロリ菌撲滅のために今は薬品会社がものすごいお金を投じているんですけど、ピロリ菌は大事なんですよ！　ピロリ菌がいないと胃の弁がちゃんときれいに動かないという説があるらしいです。だから、無駄な菌というのが本当にいるのかどうかという状況の中で、僕たちはいっぱいの菌に生かしてもらっているということを考えると、場としてはずっと生き続けないといけないのかもしれないと思うし、ずっと死に続けていることで、つまり僕たちの細胞はどんどん垢になって地面に落ち続けることで生命を更新していく。そういう意味では「アートロの資本論」だと、「自分はずっと生き続けるよ」、あるいは、「自分はずっと死に続けているよ」とか、そういう風な考えさえ浮かび上がるような、ラディカルな感じがするんです。だから、すごくいいご質問だなと思って感銘しています。

長坂　ちょっと話がズレちゃうかもしれませんけど、伊勢神宮の20年に一度の式年遷宮というのは千何百年とずっと続いていて、設計もそのまま昔の通り再現できる一つの理由としては、20年に一度壊しているからなんだそうです。

藤原　壊しているから続くんですね！

長坂　20年に一度だと作る人が一生のうちに3回くらい経験できるわけですよ。登呂の住居はもう分からないけど、伊勢は千何百年前の状態を20年に一回再生することで技術が継承できるんです。ピラミッドも、作り方が分からないですよね。殺すっていうか、壊すっていうか、自己破壊をすることで永遠を得ることができる。話を聴いていて、死んでいくっていうことは、永遠を生きていくためには、自滅させていかなくてはならないんだと思いました。

藤原　本原さんのノートに描いていただいた後も、「分解の哲学」の連載は『現代思想』でずっと続いているんですけど、その中に「積み木論」があります。それは何かというと、まさに今、長坂さんが仰ったようなことです。積み木というのは一九世紀初頭にドイツのある思想家によって発明されました。発明した人はフリードリヒ・フレーベルという人です。フレーベルというのは「アンパンマン」で有名なフレーベル館という出版社の名前の由来になっているドイツの思想家なんですが、フレーベルはちょうどドイツで資本主義が発達してきた19世紀半ばに、積み木が教育に必要なものだと説いています。いわく、ある立方体の中にきゅっと詰まっている積み木を一回崩してからまた組み立てることが大事だと。それは、全体というものを理解した上でバラバラにして、もう一回別のものになることを知ることが宇宙を知ることになる、というような話で、そういう世界観を幼児から体験することによって心がすごく豊かになるということなんですね。

僕はそれを半分正しいと思うんだけど半分ちょっと物足りなく感じています。それはまさに長坂さんが仰ったことが、フレーベルに欠けているから。実際、子どもたちと積み木遊びをしていても、どうやら乳児とか幼児とかは、大人が一生懸命積み上げても、バーンって崩して、カラカラカラーって崩れる瞬間に喜んでいるんじゃないかという気がするんですよ。それは僕みたいに心の狭い人間にはすっごいムカつくことです（会場笑）。せっかくこんなに積み上げて、「ほら、どうだ！　こんなすごいのを作ったぞ！」と言っても、子どもは「えぇ〜」といってバラバラバラーっと壊しちゃうんです。でもね、逆に言うと、今の伊勢神宮の話に触発されたんですけど、そうしないと続かないんです。遊びとしての面白さも続かないし、次のクリエイティブな仕事が出てこないんです。壊して作る、壊して作る、という反復がないとやっぱり面白くない。実は、あの崩れる音って一回性なんですよね。一回しか聞こえない、この世に一回限りの音で、その音を楽しんでいるんじゃないかという気がしてきたんです。土っていうものは物質が壊れて溜まってできた堆積物だけど、本原さんはたぶんそれを積み木のようにもう一回組立てては壊していくというか、そういう作業の一端を担っている世界史的な存在じゃないかな、と思うんです。（会場笑）

長坂 カッコイイ！

本原 脳死、人格の死というのはすごく新しい死だなと思うんですけど、それはまた別の話でしょうかね。

藤原 そうですね、それはちょっとまた違うことなので、別の機会にお話ししましょう。

ここで鼎談のトークは一旦終わります。

「マルクスの経済学」では視野に入れられなかった「家」や「自然」「土」を再び循環の中にいれようと試みているのが「アートロ資本論」なのではないか。という藤原さんからの素敵な言葉があったのは素晴らしい収穫だったのですが、じゃあ「アートロ資本論」で循環に再編しようとするものたちに目を向けていくと、今度は「生きること「死ぬこと」にまで問いが広がっていきました。

そして2018年春。藤原さんと私は、再びお話をすることになりました。

今度は、生命の源である「種」の話から。

"杉山"
stoneware / 2004 / 103×123×93mm

"ないことが、役に立つ" と2,000年前に老子が言っている。
空洞に作ることは、土にとって必然。
器でもオブジェでも、要は中が空(虚《うつ》ろ)でないと
何も入らない。同じように、家も人も中身が
詰まっていたら、何も入らない。

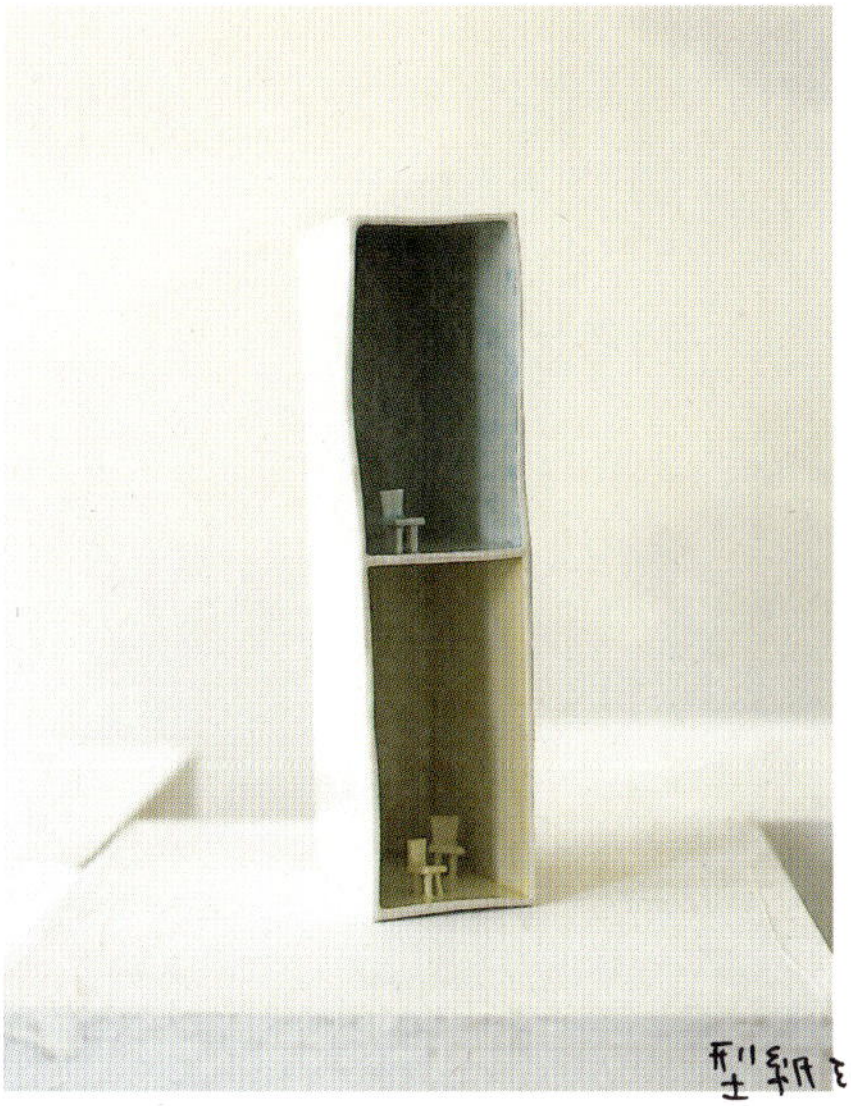

"Between thought & speech"
stoneware / 2004 / 71×98×258mm

型紙を使って、板づくりで組み立てる。
作った時は、まっすぐ四角いけれど、
窯の中で動くから、ゆがんで焼き上がる。

シーツを丸く切って、泥しょう《ドロドロの土》を片面につけて、
ひょいっと ひっくり返す。何度やっても、ヒビが入る。
あきらめかけた半年目のある日、とつぜん、できた!
シーツが綿100%だと、土と一緒に縮んでくれる。

左：“Wish you well.” “行方（ゆくえ）”
stoneware, porcelain / 2006
530×280×280mm, 60×90×90mm×4pieces

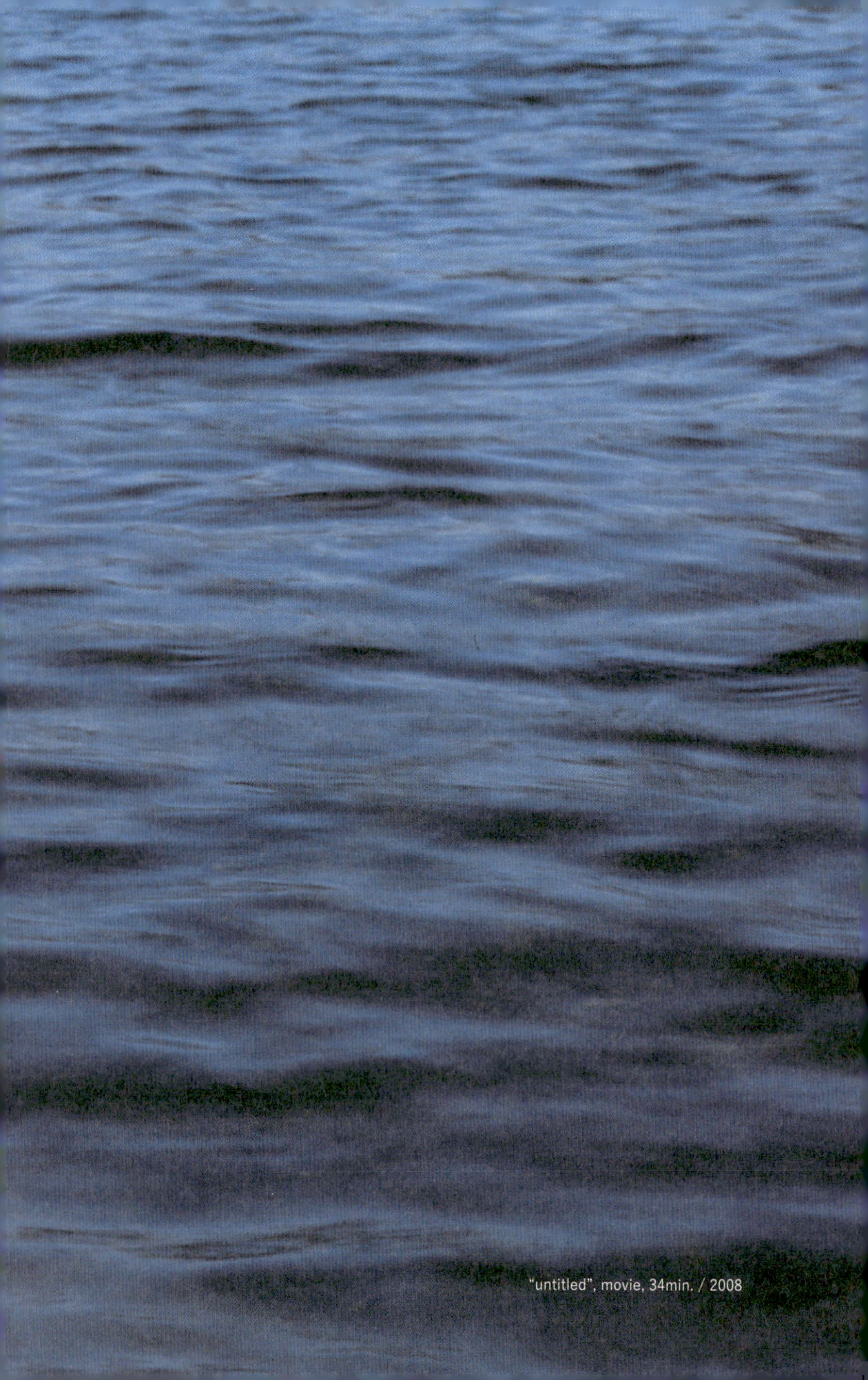
"untitled", movie, 34min. / 2008

震災があって、この作品ができたと言えなかった。
制作から2年経って、sinkは上水と下水の仕組みがなければ不要で、上水と下水の境い目だと気づく。

上右、上左：“A mobile sink”
casted stoneware / 2011 / 390×500×210mm
Final presentation at European Ceramic Work centre / 2011
下右：“S for sink”, いそがや i・スペース / 2013

台所から出たくず野菜が入っている

何かあっても、3日間はじぶんちの野菜で食べていけるようにしよう。15m^2ほどの小さな三角の庭でも、夫婦2人なら夏は食べきれないほどの野菜が採れる。

2018年5月28日㈪　京都大学

「登呂で、わたしは考えた。」
アフタートーク

藤原辰史、本原令子

種と食べ物

藤原　種子ってなんだろうって考え始めたら、面白くなってきた。つまり食べ物じゃないですか。食べ物であり、未来に繁殖するための源じゃないですか。で、いつから種子と食べ物を分ける考えって出たのかって考えてたら、人間以外の生物にも、そういうことがあったんじゃないかと思えてきて。どういうことかというと、リスのように食べ物を蓄える本能を持った動物っているじゃないですか。あらかじめ種をどこかに置いて土をかぶせておく。そうやって土の中に種を隠したつもりで入れてるうちに、きっと芽が生えてきた…って気がするんですよね。で、そうか、きっと人間も元々は土の中に種を蓄えてた、増やそうとしたわけじゃなくて、保存しておこうと思ってた。そうしたら、何時の間にかヒュッと芽が出てて、なんじゃこりゃ?!と驚いて。そこから種というものを認識しはじめたんじゃないかと思えてきたんですよね。

本原　最初は実としてね、美味しいって食べてたものが…。

藤原　そう、それを蓄えたり、ペッて吐き捨てたりしているうちに、芽が出てきたっていう。

本原　そっか、最初ってそうかもしれないですよね。

藤原　そう、もっと後になると、ちゃんと認識して食べるものと種もみと分けるようになってくるんでしょうけどね。

本原　面白いことが今年一つありました。私たちは、毎年十何種類もの種もみを撒いているんですが、今年のタイ米、中身がなかったんですよね。

藤原　中がない？　え、もみ殻だけってこと？

本原　そう、もみ殻だけ。中身が全然なくて。去年は、苗を植えてすぐジャンボタニシに食べられちゃったという事件もあって、始めてから5年間引き継いできた種の中には絶滅してしまったものも出ました。ひとつは、今話した、中身がなかったタイ米。もうひとつは亀の尾です。で、なんと亀の尾とタイ米、アカノギという三種類の苗は、昨年のアートロで講師をやってくれた神奈川県在住の木工作家に分けてあったんですね。彼はその3種類の苗をバケツに入れて育てていました。それで、アートロでは亀の尾が全滅したけど、そこに分けておいたおかげで…。

藤原　へえ〜おもしろい！

本原　そう、神奈川県で種が継がれてたんですよね。そして、タイ米は彼に分けたものにも中身が入ってなかったんですよ。

藤原 だめだったんだ…。

本原 そう。私たちは米を全部は食べないで一種類ごとに、少しずつ種として取っておくんですが、タイ米については、中身のないやつをたまたま選んじゃっていたんでしょう。

藤原 なるほど〜。

本原 その時も、あ〜って。私たちはいろんな種類を面白いから育ててるんだけど、これ全部タイ米でやってたら…。

藤原 全滅！

本原 そう、おしまいだったよね!!ていうね。

藤原 それは、アートロ村が滅びますよね。

本原 そうそう。いろいろやるとか、分けて広げるというのはすごく面白いことだし、良いことなんだよね？　アートロでみんなの中に所有って意識が出てきて、水の権利で争ったり、会費払ってるから何とかって話になってきたときに、もっと「共有」ってことの幅が必要なんじゃないかって、すごく思ったんです。うまくいえないけど、とても大事な気がして。それがこう物理的なものだけじゃなくて、「場」であったり、「手法」であったり。まだうまく言葉になってないんですけど。その種もみをね、「分配」っていっちゃえばそうなんだけど、でもそれって「共有」することでもあるんですよね。

藤原 だから、今の時代がおかしいような気がしていて。今は種子に所有権が生まれちゃったんですよね。もっというと著作権が生まれてきていて。企業が開発したものは生産品で、その企業のものってことになってるけど、本原さんが仰るように、本来、種は共有しないとどっかで絶滅した時に、別のところでそうやってバケツ苗で育ててくれているってことが可能なんですから。…だからこれ、考えたらすごい話ですよね。

本原 そう、あれはすごい話だったんですよ。しかもタイ米は両方全滅したっていう。だから、一カ所に集中して何かをするってことが、多分、良くないんですよ。

藤原 うん、怖いです。「多角的経営」って農業経済学ではいうんですけれど、戦前から戦後にかけて、リスクを分散するという視点から、多角的な経営が盛んに指導されました。だけどやっぱりモノカルチャーといって、見渡す限り同じ品種の大豆畑にするっていう手法の方が、合理的で早いっていう考えが今は強いんです。でも、実はそれ、相当リスキーなことなんですよね。このタイ米と同じことになりますよ。『バナナのグローバルヒストリー』という本の書評を書いたことがありますが、バナナって基本的に全部クローンなので、近いうちに世界から消えてしまうんじゃないかと、いわれてるんですよね。つまりみんな同じ遺伝子を持っているので、バナナを食い尽くす病原菌っていうのがもし出たら、世界中のバナナがいっぺんにやられちゃう。そういうリスクを抱えてるわけです。

本原 みんな同じだからか！

藤原 そう、みんな同じ。バナナってああ見えて草なんですよね。草分けなので、ほんとクローンなんですって。ソメイヨシノと同じで。

本原 そうなんだ〜。

藤原 『世界からバナナがなくなるまえに』って本もありますし。なんか怖いですよね、やっぱり。それだけしかない、っていうのは生きていく上でリスキーなんです。

本原 そう。集中してることが良くないっていう。その感じはよく分かります。

藤原 19世紀、アイルランドで育てられているジャガイモはランパーと呼ばれる品種がほとんどでした。しかしこれが、病気にかかっちゃって、ジャガイモが大変な不作になったことがありました。結局、それが原因でアイルランドでは19世紀最大の飢饉が起き、

100万人が亡くなったといわれています。だからやっぱりモノカルチャーってほんとに危険です。

本原 そういうのをモノカルチャーっていうんだ。

藤原 ええ。モノってのは、一という意味ですよね、カルチャーってのは耕すって意味ですから。文化という意味以前に。それに対して、やっぱり生きていくためには、多角的に経営しておいた方がいいよね、ってことで牛さんを育てつつ、稲もちょっと育てて、だけどここには野菜も育てておいて。そうすればやっぱり生存的にはいいよっていう指導が戦前、戦中になされるんですよね、日本では。

本原 でも、国からの多角的なものがいいっていう指導の前は、みんなどうしてたんですか?

藤原 その前はやっぱり稲と繭を中心に作っていたんでしょうね。米と繭が一番儲かるんで。それを一生懸命育ててた…それでもみんな庭先でいろんな物作っておいて、とりわけ味噌にも醤油にもなる大豆なんかは自家用にも作っていたと思います。そうやって自分たちの裁量でリスクは削減していましたけど。でも現代になると、市場はやっぱり単一の、美味しいものが必要だという考えですよね。

本原　そっかあ。なんでも誰かにやってもらってるから、どうしてもそうなっちゃう。

田んぼを作る

本原　田んぼを作り始めたときに、みんな口々に言ってたのが、「ど素人が米育てちゃったよ」ってこと。野菜は家庭菜園でやってる人もいっぱいいるんだけど、米はどうもプロフェッションがあるっていうのを、なんとなく感じてたんでしょうね。だからど素人なのに、米ができちゃったって。なにが違うんだろう、米はやっぱり特別だったたってことかな?

藤原　米作りはめちゃくちゃ専門職ですよ。まず、田んぼが平らじゃないとできないじゃないですか、水を張らないといけないので。ヨーロッパとか、北海道の富良野とかの小麦畑はなだらかな起伏がありますが、あれ畑だからですよね。水を水平に張らなくていい。ところが弥生時代の人はまず、田んぼを水平にするというところから始めてます。しかも田越し灌漑っていうんですけど、側溝ではなく、田んぼごと水を流していく場合は、微妙に傾斜をつけたりして。田んぼの水平をとるとか、傾斜をつけるとか、もうこれは土木工事技術、水利技術ですよね、さらに水の管理も大事。水が増えたら排水しなくちゃなんない、その管理をしていたわけですよね。今でいう、エンジニアですよ。

本原　そう思うと、登呂はすぐそこが森林跡だったってわけだから、やっぱり開拓する、住めるところと食べるものを作るために、平らにしていったっていうのは、なんかすごいことだったんでしょうね。

藤原　田んぼの跡って、当たり前だけど土色なんで何か古びたように見えますけど、今でいうタワーマンションを建てるくらいの大革新ってことなんです。

本原　めちゃめちゃ人工なんですよね！

藤原　そう、田んぼってめちゃめちゃ人工物ですよ。相当、自然に背を向けてるような人工物ができちゃったわけですよ。ほんと、大都会です。田んぼなんかできるなんて。水を使って、水をコントロールするっていうことは、それほどすごいことだったわけです。

本原　人類が火を使えるようになったことはすごいことだといわれるけど、水をコントロールできるようになったこともすごいですよね。

藤原　水をコントロールするって、難しいです。世界史を眺めてみると、水利工事っていうのはあらゆる権力者の五本の指どころか三本の指に入る政策ですから。ファラオだって武田信玄だってそうだった。そりゃやっぱり、荒れた川をコントロールすることは、土地を治める意味でもすごいことだった。

ところで、本原さんは陶芸家でいらっしゃいますけど、陶芸にとって水ってどういうもの？　陶芸家のイメージといえば、火の方がパッと思い浮かぶんですよ。火を焚いて窯の中で焼くからもちろん欠かせないものだし。でも水ってどういう位置づけなのかな、と。

本原　そうですね…水がないと…まず、形が作れませんよね。例えばこれ、最新作なんですけど（首につけたペンダント[※12]を見せる）。元は拾った石です。本来は何十万年もかけて劣化して粘土になるものを自分でぶっ叩いて粉にして、その粉を水を使って粘土にして焼いたのがこれ。

藤原　え、これ粘土なんですか？（粒状の小さなビーズをつまみながら）こっちは（小石をつまんで）原石で、これが粘土？　すごい、きれいです。

※12　P.62 写真参照

本原　要するに大きさの違いはあれど、ロック（岩）の劣化したものが粘土なんだって勉強して。だから自分で作れるはずだ、と。で、やってみたの。他にも、粘土で作ったブーツを完全に乾燥させて、水の中で子どもが履いてると、だんだんと、お水に溶けていっちゃうという映像作品などがあります。

藤原　そうか、実は水の人なんですね、本原さん。陶芸家っていったら火ですけどね、最初に思い浮かぶのは。本原さんの作品は、焼かないけど陶芸なんですね。

本原　そう。このブーツの頃から焼かない陶芸家になっちゃった。

藤原　焼かない陶芸家？

本原　これ、陶芸家しか知らないと思うんですけど、粘土って完全に乾いていないと水に溶けないんです。ちょっとでも水分持ってると溶けない。形、崩れない。

藤原　え〜？　どういうことですか？

本原　粘土が水分を含んでる状態だと、バケツにいれても形が崩れない。完全に乾いていると水の中で溶けていくんですよ。

藤原　水は水に強いってことですね？

本原　そうですかね？　この頃は、もう焼くのが嫌になってしまって、こんな作品を作ってました。

粘土って、焼けば水を混えることができて、焼かなければ水に溶けて形がなくなっちゃうっていう。すごくないですか、それも。

藤原 そっか。まさに火と水の使い手なんですね、陶芸家って。

本原 そう。2010年からこんなことやってます。もはや子どもの泥遊びと同じでしょうね。作っちゃ壊して、またもう一回別のものを作って。

藤原 これだけ水にこだわる陶芸家っていうのも珍しいですね。

本原 水にこだわってたんだ？　分かってなかった。

藤原 いや、いろいろなお話を聞いて分かりました。私も分解のテーマってのはそういうことで。要は「作る」ってことは、このまま地球から永遠になくならないものを作る…ってことではなくて、ちゃんと地球に合わせて壊れてくれたりしていくってことですよね。

本原 あ、そうだ。それを「ほどける」って言葉でいうといいな、って思ったの。

藤原 ああ〜。ほどけるね！

本原 そう。分解とか、壊れるとか、溶けるではなくて「ほどける」っていうと、逆に結ば

“forget me not”, 2010 / movie, 5mins
“a girl in pocket”, porcelain / 2010 / 250×200×150mm

れてるじゃないですか。この身体もほら、他のものの住処だっていうのもそう。いってみれば、死ぬって「ほどける」ことかなって。

本原 言えてる！ イオン結合してるのもほどけるし。ああ、いい言葉ですね！

藤原 でしょう？ 分解するっていうと、何かの結果という感じがするけれど、「ほどける」っていうと、元に戻るっていうか。

本原 ええ。また編集されていくっていう。

藤原 分解されて、それがまた再編集されていくっていうね。

本原 いいですね、でもそれ、本原さんのマルCだなあ。

藤原 あ、これ違うんです。元々どこでその言葉を拾ったかっていうと、今、登呂で家を建てようとしてる話でね、アシとヨシで屋根を作らなきゃいけないという話になったんですよ。で、登呂博物館の館長が、奈良のアシがいいからあれを移植しましょう、なんていうんだけど、何か違和感があって。

本原 何かおかしいぞと。

藤原 そう。それで神戸に住む茅葺の若い職人さんに話を聞いたら、「いやいや、本原さん、足元にあるものでやるんですよ」って。

藤原　へえ〜。

本原　「小麦しかなければ小麦で屋根を葺くし…だいたい稲を育ててるんでしょ？だったら稲わらで作ればいいじゃないですか」って言うんですよ。で、え？いいんですか？って聞いたら、「だから、あるものでやればいいんですよ」と。で、彼が茅葺屋根を作るときの結び方の話をしているときに「全部ほどけやすいように作るんですよ」って言ったんですね。あっ！と。そうか、ほどければいいんだ、全部！って。その時に、あ、死ぬって「ほどける」だって。私たちも、ほどけていけばいいんだよねって。彼が、屋根は20年ごとにほぼ必ず葺き替えるので、その時にやりやすいように、紐から何からほどけやすいように組み立てるっていう話をしてくれたから、閃いたんですよね。

藤原　それ、まさに私が考えていることです。ほどけるというのは…。

本原　ね、分解の「解」だもんね。

藤原　まさにそうですね。

本原　そのとき、あ、世界が編集されてるって感じもすごくして。

藤原　確かに。編まれてるわけですよね。

で、問題なのは陶器はほどけたらダメなんですよね（笑）　ほどけたら、さっきの作品みたいになっちゃう（溶けちゃう）わけですよね。でもそれ面白い。それを試みているんですよね、たぶん、本原さんて。ほどける陶器。そうか、だから家も、ほどける家ですね？　今やっているのは。

本原　そう。今ほどける家をやってる。だからその茅葺職人さんにも登呂に来てもらって、世界中の家を紹介してもらいました。面白かったのは、北欧のある小さな島。そこには家を建てるのに使える材料が何もないから、島の周りにある海草で屋根を葺いて、難破した船を家のボディに使ったりするんですって。「そこにあるもので作るんです」っていう彼の話はほんとだな、と思ったのね。私がアーティスト・イン・レジデンスで訪ねたオランダも一緒でした。マース川とライン川がちょうどクロスして、古代ローマ時代から粘土が採れているところで、レンガの産地なわけです。400年とか500年前の教会が建ってるんだけど、それらはすべてこの小さなレンガブロックの積み重ねなんですよね。こんなに大きな教会も、実は小さいものの積み重ねなんだ、と。

藤原　そうか、木があれば法隆寺が建てられるけど、粘土しかないからレンガなんですね。

その場にあるもの、っていうのが基本ですよね。本原さんも、アートロも。どっか遠くから持ってくるんじゃなくて、その場にあるもので考えたいってことですよね。登呂には木も湧き水も稲わらもあった。それでやってみたらいいじゃないのって。建物って囲われている箱ものってイメージだけど、本原さんの話を聞くと、ほどけてまた組み立てられるもの、ということにもなりますね。その中には隙間もあるし、いろんなものが躍っていたりもする。なんていうのかな。動的なものですよね？　静的ではなくて。

本原　そうです。動的なものです。いろんなものがどんどん静的になってしまってるから。これから自分自身も、ほどけやすい身体になりたいと思っています。

ここでアフタートークはおしまいです。「水」の話から「ほどける」の話、そこから見えてくる藤原さんとの共通の話題に、話は尽きませんでしたけれど、それはまたいずれ続く新しい機会に。

おわりに

今となっては、想像するしかありません。

登呂で田んぼの土から土器を作り、同じ田んぼで稲を育て、そこで収穫した米を土器で煮炊きして食べるという、アートロの活動を続けていたら、あんなに小さな田んぼから、私と世界のつながりはとてつもなく広がってしまった。

「土さえあれば生きていける」と始めたはずが、今やこの活動がどこまで行ってしまうのか、自分でも途方にくれる。

アートロを始めた頃、ちいさな気付きや発見に、ウキウキした。いつの時代も人は工夫して生きている、そしてそれは喜びだったはずだ、ということ。うまく行かない時は仲間がいい方法を見つけ、それいいね！とシェアしていく。それはとても素敵な人間の営みだと思う。

弥生時代の人も、同じ人間。

私たちの祖先が「こっちの方がいいね」と選んできた結果が、今の暮らしなのだということ。そして私たちも未来に向かって、今この瞬間も選んでいるんだと、はっきり思う。

みんなでやったほうが質も量も良くなるから！と効率を考えて、土の上で食べて、生きて、つないできた。みんながラクになるよう、いろんな分野で研究と努力をした。でも、気付いたら、土から離れ、目の前の問題に対処すること、仕組みや組織を作ることにばかり注力していたんじゃないだろうか。

五感で足元の世界を読み、判断し、自分の行動を決めていくこと。何かあったとき、アレがないと、コレがないと、専門家がいないと、何もできないような仕組みになっている現代社会。私たちは、本当に自由なんだろうか?

地球は、いつも平常営業。
「生きる力」を問われているのは、私たち人間のほう。

水道の蛇口をひねる時、自分が同時に電気を使っていることも、考える。トイレの水を流す時、水はここから下水管を通って、何kmもかけて浄水場へ行き着き、そこから8時間もかけ、最後はプランクトンに綺麗にしてもらって、海に出ることに思いを馳せる。赤道まで流れていく間に水は蒸発して雲になり、雨となって川に流れ、今度は上水場に汲み上げられて、綺麗にしてもらい、また何時間もかけて電気でポンプアップされながら、蛇口まで届く。

水道の蛇口をひねったら、Hello, again!

目に見えているのは、ほんの表面だけ。目には見えない、この仕組みの向こう側を想像できるようになると、世界が少し変わって見える。

私は日本の静岡県に住んでいるけれど、いつでも世界とつながっている。そして、そんな人が一人、また一人と繋がれば、例えお互いの顔が見える距離にいなくても、世界は信頼できるものになっていくはずだ。

登呂には古くて新しい知恵がたくさんあった。

生きることとは、作ること。

何にもなくなってもまた作ればいいじゃん、と思えば、不自由なんか何もない。

「暮らし」は、頭で考えているだけの時より、やってみたらとても創造的で楽しい。

アートロのきっかけを作ってくれた田嶋くん、米のプロ・長坂さん、米農家の青木さん、土笛蒐集家の菊池さん、元登呂博物館学芸員・稲森さん、大村さん、何より、この活動を楽しんでくれた参加者のみなさんに感謝しています。どこかのエライ人が言った言葉より、この身体で実感したこと。そこから飛び出す「なぜ?」を放っておかず、この手で確かめていくのがアートロの活動で、次々「?」はやってきます。

登呂遺跡は、私たちにとって、今の暮らしを見直す装置。
どこまでが、自分のこと?
少しずつ境界線を無くしていくような、今もそんな旅の途中です。

あとがき

インターネットのおかげで、私たちはよその国の人ともリアルタイムに話せます。距離は削除され、つぎつぎと時間が消費されるなかで、私たちの命もいずれは消える。でも、自分が今、立って居る場所はずっとそこにあって、たくさんの記憶を私たちに遺してくれています。足元にある土は、私たちの今の暮らしと文化につながっていると感じます。

考古学は地域に勇気を与える町人の学問と聞きました。アートロの連続講座に参加して、「今、ここにいる自分にOKが出せて、生きる力が湧いた」と言った参加者がいました。生きる力がつくんじゃないか?と始めた活動は、もう少し続きそうです。

朝、目覚めてから一日が終わるまで、とんでもない量の情報が私たちの間をすり抜けていきます。いちいち気にしていたらパンクしそうだけれど、気になることを放っておかず、これってなんだろう?と深掘りする楽しみを一緒にいちばんシェアしたかった友人の故髙田修地さん。(会いたい)「令子の部屋」をやるきっかけをくださった川部節子さん。出会えたすべての人たちに、この本を捧げます。

海のものとも山のものとも分からない私の話から、『ナチスのキッチン』を書かれた藤原辰史さんへつないでくださった、立木康介さん。学ぶことの面白さを大学の外へ開いてくださった京都大学のお二人は私のヒーローです。

それから。

博物館はオトナになっても、おもしろい学びの遊び場です。登呂博物館関係者の皆さんにはいつも感謝しています。（こりずに、よろしくお願いします）

いつも後回しの家族へは、やっぱり最後にありがとう。

初めて本を書く私に伴走してくれた担当編集者の田邊詩野さん、素敵な本に仕上げてくれたデザイナーの坂本陽一さんに心よりお礼申し上げます。

世界はまだまだ知らないことばかりで、大人になってもオモシロイじゃん！と思ってもらえたら嬉しいです。

２０１８年９月27日

本原令子

本原令子（もとはら・れいこ）

昭和38年生まれ。陶芸家。多摩美術大学美術学部グラフィックデザイン科卒業、ロイヤル・カレッジ・オブ・アート（RCA）セラミックスアンドグラス修士課程修了。平成24年から静岡市にある弥生時代の遺跡「登呂遺跡」を舞台に社会実験を行うプロジェクト「ARTORO（アートロ）」をスタート。数々の講座や活動を企画監修し、注目を集めている。登呂会議代表。

登呂で、わたしは考えた。

2018年10月30日　初版発行

著者 ： 本原令子

装丁・デザイン ： 坂本陽一（mots）

写真 ： ヤスタケノブオ

登呂キッチン鼎談テープ起こし ： 高田絵里

鼎談・対談原稿制作 ： 静岡新聞社出版部

発行者 ： 大石剛

発行所 ： 静岡新聞社
〒422-8033 静岡市登呂3-1-1
電話 054-284-1666

印刷・製本 ： シナノパブリッシングプレス

乱丁・落丁本はお取り替えいたします。

Printed in Japan
ISBN978-4-7838-1088-9
C0039 定価1600円＋税